JN436831

중급 프랑스어
LE FRANÇAIS
intermédiaire

중급 프랑스어

초판 1쇄 발행 2014년 9월 15일
초판 5쇄 발행 2023년 10월 31일

엮은이 정예영 · 강초롱

펴낸곳 서울대학교출판문화원
주소 08826 서울 관악구 관악로 1
도서주문 02-889-4424, 02-880-7995
홈페이지 www.snupress.com
페이스북 @snupress1947
인스타그램 @snupress
이메일 snubook@snu.ac.kr
출판등록 제15-3호

ISBN 978-89-521-1660-4 03760

정예영 · 강초롱 엮음

서울대학교출판문화원

머리말

2012학년도에 제2외국어 교과 과정이 전면적으로 개편되면서 새로운 교과 과정에 따라 학생들의 수준에 맞게 외국어 교육을 체계적으로 실시할 필요성이 제기되었다. 이에 따라 학생들이 정해진 교과 과정 내에서 프랑스어의 주요 문법 구조와 어휘를 습득하고, 일상적인 의사소통을 할 수 있으며, 프랑스어로 된 전공 문헌을 독해할 수 있는 능력을 함양하기 위한 새로운 교재 집필에 착수하여, 2013년 7월에 『초급 프랑스어(Le français élémentaire)』를 출간한 데 이어서 이번에 『중급 프랑스어(Le français intermédiaire)』를 출간하게 되었다.

교재 전반부에 해당하는 1부에서는 『초급 프랑스어』에서 미처 다루지 못한 접속법, 전미래, 단순과거 등과 같이 심화된 문법 내용 및 어휘를 추가하여 학습의 완성도를 높였다. 2부에서는 이제까지 학습한 문법적 내용을 바탕으로 학생들이 독해 능력을 증진할 수 있도록 문학, 사회, 문화 등 다양한 분야의 텍스트를 제공하였다. 특히 각주를 통하여 학생 스스로 한 문장을 다른 문장으로 표현하는 문장 전환 연습을 체계적으로 할 수 있도록 구성하였다. 이 교재를 통해 교과 내용을 성실히 학습한다면 학생들의 프랑스어 구사 및 해독 능력이 크게 향상될 것으로 기대한다.

이 책은 여러 선생님들, 특히 김용기, 정희경, 송근영 선생님의 지속적인 관심과 노력으로 출판되었다. 이 자리를 빌려 다시 한 번 이분들의 노고에 감사드린다. 또한 여러 차례에 걸친 교재 수정 작업에 큰 도움을 준 조교 이진이 양, 교재 내용에 어울리는 삽화를 그려 준 오아름송이 양에게도 감사의 마음을 전한다.

차례

2부

LE FRANÇAIS
intermédiaire

1부

Leçon 1 Nadine prépare un entretien d'embauche

Deux amis se rencontrent dans un café.

Jérémie : Bonjour, Nadine ! Ça va ? Tu as l'air déprimée.

Nadine : Ah, Jérémie ! Bonjour. D'abord, assieds-toi.

Jérémie : Quoi ? Qu'est-ce qu'il y a ?

Nadine : Mon premier entretien d'embauche est fixé pour demain. Mais tu sais, je suis tellement timide que je vais être paralysée lors de l'entretien. En plus, si on me pose des questions embarrassantes... Je ne pourrai même pas prononcer un mot. Tu as déjà vécu ça. Aide-moi un peu !

Jérémie : Je te comprends. C'est normal d'être angoissé. Hum... Sache d'abord que tu peux refuser de répondre à des questions trop personnelles. Le plus important, c'est de rester honnête et de ne pas mentir. Il faut aussi montrer que tu as le sens des relations humaines et que tu es motivée pour les projets auxquels tu vas participer.

Nadine : Mais je devrai me montrer assez compétente pour faire face à toutes les situations dans lesquelles je pourrais me trouver, n'est-ce pas ?

Jérémie : Bien sûr que oui ! Dans ce cas-là, il te suffit d'anticiper les questions qui te seront posées. En général, les recruteurs posent souvent des questions sur ta personnalité afin de te connaître, d'analyser la façon dont tu vas t'exprimer. Hum... Ah ! On peut te demander aussi tes points faibles ou tes points forts. C'est la question piège la plus fréquemment posée, je crois. Face à cette question, montre que tu as suffisamment de recul sur toi-même pour discerner tes qualités et tes défauts. C'est tout ce que je trouve à dire maintenant.

Nadine : Merci bien. Je suis sûre que tes conseils m'aideront beaucoup.

Jérémie : De toute façon, bonne chance !

Taux de chômage BIT* en France métropolitaine

Données cvs*, en moyenne trimestrielle - France métropolitaine

	Taux de chômage BIT (%)		Variation en points sur		Milliers
	2012T3	2012T4(p)*	un trimestre	un an	2012T4(p)*
Ensemble	9,9	10,2	0,3	0,8	2 994
15-24 ans	24,1	25,7	1,6	3,4	730
25-49 ans	9,0	9,1	0,1	0,5	1 653
50 ans ou plus	6,8	7,2	0,4	0,8	560
Hommes	9,7	10,2	0,5	1,0	1 532
15-24 ans	24,0	25,6	1,6	3,6	398
25-49 ans	8,6	8,8	0,2	0,5	834
50 ans ou plus	6,8	7,4	0,6	1,1	300
Femmes	10,0	10,3	0,3	0,7	1 412
15-24 ans	24,2	25,8	1,6	3,2	332
25-49 ans	9,3	9,4	0,1	0,4	819
50 ans ou plus	6,9	6,9	0,0	0,3	260

*BIT : Bureau international du travail
*CVS : (Données) corrigées des variations saisonnières
*(p) = provisoire
Champ : France métropolitaine, population des ménages, personnes de 15 ans ou plus
Source : I.N.S.E.E., Enquête emploi

GRAMMAIRE ET EXPRESSIONS

관계대명사 (1) : 전치사 + qui / lequel

• 선행사가 사람인 경우

전치사 + qui / lequel	C'est un ami **pour qui** j'ai beaucoup d'estime. / C'est un ami **pour lequel** j'ai beaucoup d'estime.
	C'est une fille très sérieuse **en qui** on peut avoir confiance. / C'est une fille très sérieuse **en laquelle** on peut avoir confiance.

• 선행사가 사람이 아닌 경우

전치사 + lequel	Le pays **pour lequel** vous allez partir est plein de monuments historiques.
à + lequel	Elle a un cours **auquel** elle doit assister.
	C'est une photo de famille **à laquelle** je tiens beaucoup.
	Les lettres **auxquelles** j'ai répondu venaient de France.
de로 끝나는 복합전치사 + lequel	Je ne connais pas le nom du parc **en face duquel** j'ai emménagé.
	Ce sera bientôt la fête du village **à l'occasion de laquelle** on tire toujours un feu d'artifice.
	Le candidat doit présenter cinq cents signatures **faute desquelles** il ne pourra se présenter à l'élection présidentielle.

[연습문제 1] 빈칸에 적절한 관계대명사를 넣으시오.

1. Il habite une maison derrière __________ il y a un parc.
2. Il veut nous présenter la jeune femme avec _______________ il va se marier.
3. La course à pied est un sport pour ______________ il faut beaucoup d'entraînement.

4. Je connais des gens sur ________ je peux compter.

5. Nous avons une voiture confortable dans ________ on peut voyager à cinq.

[연습문제 2] auquel, à laquelle, auxquels, auxquelles 중에서 적절한 형태를 골라 빈칸을 채우시오.

1. Cette solution a des avantages ________________ vous n'avez pas pensé.

2. C'est une affaire très difficile ________________ j'ai déjà consacré beaucoup d'énergie.

3. C'est un sujet très délicat ________________ il faut réfléchir très sérieusement.

4. Voilà les obstacles majeurs ______________ peut se heurter notre programme.

5. C'est une discussion ___________ je refuse de participer.

6. Les conclusions ___________________ aboutissent nos adversaires politiques sont acceptables.

[연습문제 3] dont, duquel, de laquelle, desquels, desquelles 중에서 적절한 형태를 골라 두 문장을 연결하시오.

1. Je leur ai fait des remarques. Ils n'ont pas tenu compte de ces remarques.

2. Mon bureau se trouve dans un immeuble. En face de cet immeuble, il y a un lac avec des canards.

3. Il s'enfuit par le jardin de la mairie. La grille de ce jardin est ouverte.

4. Il a eu un mois de congé. Au cours de ce mois, il a eu le temps de penser à son avenir.

● 동사의 활용: s'asseoir

s'asseoir		
je	m'assois	m'assieds
tu	t'assois	t'assieds
il(elle)	s'assoit	s'assied
nous	nous assoyons	nous asseyons
vous	vous assoyez	vous asseyez
ils(elles)	s'assoient	s'asseyent

Madame, vous voulez vous asseoir ?

Assieds-toi.

Ils s'asseyent dans un fauteuil.

● 정도의 표현

1. assez (suffisamment) / trop + 형용사 / 부사 + pour + 명사 / 부정법
assez (suffisamment) / trop de + 명사 + pour + 명사 / 부정법

Tu n'es pas assez grande pour partir seule.

Elle marchait assez vite pour le rattraper.

J'ai assez d'argent pour acheter une nouvelle voiture.

On est trop jeune pour la retraite, mais trop vieux pour bosser.

Il n'est jamais trop tard pour réussir.

J'ai beaucoup d'ennuis. J'en ai trop pour m'occuper de toi.

2. si + 형용사 / 부사 + que

Elle était si belle que je ne pouvais croire qu'elle s'intéressait à un type comme moi.

Il est arrivé si tard qu'on est parti sans lui.

3. tellement + 형용사 / 부사 + que
tellement de + 명사 + que

Il est tellement vieux qu'il ne peut plus travailler.

Tu parles toujours tellement vite que je ne te comprends pas.

J'ai tellement de travail que je ne pourrai pas sortir ce soir.

[연습문제 4] 보기와 같이 하나의 문장으로 만드시오.

보기) Il est trop occupé ; il ne peut pas vous recevoir.
→ Il est trop occupé pour vous recevoir.

1. L'enfant est trop petit ; il n'atteint pas le bouton de la sonnette.

 →

2. Le paysage est trop beau ; je ne peux pas croire qu'il est réel.

 →

3. Mon frère ne travaille pas assez ; il ne réussira pas son baccalauréat.

 →

4. Ma grand-mère est trop âgée ; elle ne peut pas vivre seule dans son appartement.

 →

5. Le petit Nicolas est maintenant assez raisonnable ; il va tout seul à l'école.

 →

[연습문제 5] si 또는 tellement을 활용하여 보기와 같이 고치시오.

보기) Ils vont à la montagne chaque année parce qu'ils aiment le ski.
→ Ils aiment tellement le ski qu'ils vont à la montagne chaque année.

1. Il joue régulièrement au loto parce qu'il croit bien en sa chance.

→

2. J'ai décidé d'économiser 1000 euros parce que j'ai très envie de partir en voyage.

→

3. Elle était sur les nerfs parce qu'elle avait beaucoup attendu.

→

4. Il n'y avait plus personne parce que je suis arrivé trop tard.

→

5. Ces gâteaux plaisent à toute la famille parce qu'ils sont vraiment savoureux.

→

rester

Il est resté au lit toute la journée.

Ma mère est restée digne dans la maladie.

Sa voiture reste en panne.

J'ai l'habitude de rester à lire dans la nuit.

Il ne nous reste pas beaucoup d'eau.

Il en reste encore trois.

Il ne me reste plus qu'à vous remercier.

façon / manière

Est-ce que vous pourriez me donner quelques conseils pour écrire de façon(= d'une façon) claire ?

On doit faire des réformes, mais pas de manière(= d'une manière) brutale.

J'ai toujours un malaise avec Jacques, surtout avec sa façon de parler.

Elle sait agir de manière à plaire aux grandes personnes.

Il parle à la manière d'un orateur.

C'est un plat à la (façon) chinoise.

soi-même

Je suis toujours moi-même.

Connais-toi toi-même.

Il l'a vu lui-même.

Elle ne pense qu'à elle-même.

Ici, on fait tout soi-même.

Travaillons par nous-mêmes.

Faites vous-même(s) votre travail.

Les peuples ont le droit de disposer d'eux-mêmes.

Les bêtes elles-mêmes témoignent leur reconnaissance.

ACTIVITÉS

1. 본문 내용에 비추어 다음 문장이 참인지 거짓인지 답하시오.

1) Nadine a déjà beaucoup d'expérience d'entretien. (V / F / ?)

2) Jérémie a déjà obtenu un emploi. (V / F / ?)

3) Jérémie pense qu'il faut répondre à toutes les questions posées par les recruteurs. (V / F / ?)

4) Face aux questions sur des points faibles ou forts, on doit se montrer comme quelqu'un sans défaut. (V / F / ?)

2. 프랑스어로 옮기시오.

1) 이 가게는 저녁 10시까지 영업합니다. (rester)

2) 남을 판단하는 것보다 자기 자신을 판단하는 것이 훨씬 어렵다. (soi-même)

3) 너무 시끄러워서 일에 집중할 수가 없어. (bruit)

4) 그는 내가 오래전부터 생각해 왔던 문제를 제시했다. (exposer)

5) 프랑스어를 효과적으로 배우는 데 도움이 될 만한 조언을 듣고 싶습니다. (façon)

3. 다음 문장들을 서로 연결하시오.

1)

C'est un livre.	Il m'a passionné. Il y a de très jolies photos dedans. Le professeur nous en a conseillé la lecture. J'y tiens beaucoup. J'ai été interrogé à l'examen sur ce livre.
C'est un ami.	Je le connais depuis longtemps. Je peux compter sur lui. Je lui écris souvent. Je sors souvent avec lui.

2) 위와 같은 방식으로 다음 문장들과 연결될 수 있는 문장들을 만드시오.

a. C'est une famille.

b. C'est un quartier.

Leçon 2

Le Marché aux Puces de Saint-Ouen

Aujourd'hui, je vous présente un des paysages traditionnels parisiens : le marché aux puces. On l'appelle aussi familièrement les Puces. C'est un marché en plein air. Le commerce de récupération existe à Paris depuis que les chiffonniers ont commencé à parcourir chaque nuit la capitale pour collecter leur butin. Chassés de Paris à la fin du 19e siècle par la municipalité, les chiffonniers ont déménagé leurs campements entre les fortifications et les premières maisons du village de Saint-Ouen. Puis, après la Première Guerre Mondiale, les premiers marchés ont commencé à se constituer. De nombreux hommes d'affaires s'y sont installés, ont aménagé des rues, et des locaux. C'est la vraie naissance d'une mode, le Marché aux Puces de Saint-Ouen.

Le Marché aux Puces de Saint-Ouen, c'est le plus grand marché mondial. Ce lieu est surtout connu comme une concentration d'antiquaires et de brocantes. Vous pouvez y acheter à bon prix ce dont vous avez besoin. Mais les Puces traditionnelles tendent de plus en plus à prendre des allures de boutiques. Et en marge du marché d'antiquités, on peut découvrir des commerces de vêtements. Il est aussi renommé pour ses cafés, ses bistrots, ses restaurants et ses activités ludiques comme les jeux de tonneaux. Le Marché se tient tous les samedis, dimanches et lundis et est desservi par la station « Porte de Clignancourt » sur la ligne 4 du métro. Près de 11 millions de personnes par an visitent ce lieu. On peut y croiser non seulement des touristes étrangers, mais aussi des célébrités.

GRAMMAIRE ET EXPRESSIONS

대명동사의 복합과거

je me suis lavé(e)	nous nous sommes lavé(e)s
tu t'es lavé(e)	vous vous êtes lavé(e)(s)
il s'est lavé	ils se sont lavés
elle s'est lavée	elles se sont lavées

cf) Hélène s'est lavé les mains. / Nous nous sommes lavé les cheveux.

Hier, Jeanne s'est réveillée très tôt.

Après s'être promenées, elles ont pris le déjeuner.

Tout de suite, elles se sont bien entendues.

Nous nous sommes connus très jeunes.

Ces jeux se sont vendus très rapidement, après leur sortie.

Quand la Chine s'est-elle appelée Empire du milieu ?

Qu'est-ce qui s'est passé ?

Elle s'est moquée de moi.

Ils se sont parlé.

Annie s'est brossé les dents après s'être levée.

Elle s'est essuyé la bouche.

[연습문제 1] 주어진 문장을 복합과거 형태로 바꾸시오.

1. Pardon, je me trompe de numéro.
2. Elles se sèchent les cheveux.
3. Il s'excuse des erreurs faites dans les comptes.
4. Elles se donnent toujours la main.
5. Nous nous téléphonons tous les jours.
6. Elle se méfie de lui.
7. Ils se confient mutuellement leurs craintes.
8. Est-ce que Vincent Van Gogh se suicide vraiment ?

[연습문제 2] 괄호 안의 동사를 복합과거 형태로 바꾸어 빈칸을 채우시오.

Un jour, Didier et Gaëlle ______________ (se rencontrer). Tout de suite, ils ______________ (se plaire) et ______________ (bien s'entendre). Ils ______________ (se téléphoner), ______________ (se donner rendez-vous) et ils ______________ (sortir ensemble) très souvent. Puis ils ______________ (se marier).

관계대명사 (2) : ce dont

C'est ce dont il est fier.

Fais ce dont tu es capable.

Je me souviens des petites filles de ma classe qui avaient des cheveux longs, ce dont j'étais très jalouse.

[연습문제 3] 빈칸에 ce + 관계대명사의 적절한 형태를 넣으시오.

1. ________ me plaît, c'est de voyager.

2. ________ je pense est très personnel.

3. Ma grand-mère nous a demandé ____________ nous avions envie comme cadeau de Noël.

4. J'ai oublié ________ il m'a parlé hier.

5. Tout ________ je fais est apprécié.

6. ________ *rêvent les filles* est un film réalisé par Dennie Gordon, sorti en 2003.

시간의 표현

Lorsque nous sommes arrivés, le combat était terminé.

Le téléphone a sonné juste **comme** j'entrais dans mon appartement.

Au moment où j'ouvrais la porte, une de mes amies est arrivée.

Pendant que tu te reposes, je vais faire la vaisselle.

Chaque fois qu'il me voyait, il me racontait sa vie.

Depuis que Patrick ne fume plus, il se porte beaucoup mieux.

Depuis que Patrick s'est arrêté de fumer, il tousse moins.

Dès que le feu tournait au vert, les voitures démarraient.

Dès que j'ai lu la revue, je la lui ai rendue.

[연습문제 4] 상응하는 문장끼리 연결하시오.

1. Dès qu'il y avait un rayon de soleil •	• les gens s'installaient à la terrasse des cafés.
2. Tu ne m'écoutes jamais •	• quand je parle !
3. Nous sommes arrivés •	• depuis qu'elle a fait du sport.
4. Elle a maigri •	• comme il partait.
5. Pendant que nous serons en vacances •	• notre voisine arrosera nos plantes.

주제의 표현

Moi, j'aime mieux ne pas y aller.

De l'orgueil, elle n'en manque pas.

Pour les mathématiques, il est imbattable.

Pour moi, mes parents ne me comprennent pas.

Quant à moi, je n'aime pas le café.

Quant à son caractère, je le crois doux.

En ce qui me concerne, je préfère la montagne à la mer.

Consulte ton ami sur tout, particulièrement **en ce qui te concerne**.

an / année

Quel âge as-tu ? – J'ai vingt ans.

Cette année, l'été a été très chaud.

Je ne l'ai pas vue pendant des années (pendant de nombreuses années).

2002 a été une année faste pour les Coréens. (cf. bon an mal an)

Elle a éprouvé des difficultés au cours de sa troisième année scolaire.

l'an dernier / l'année dernière

l'an prochain / l'année prochaine

Tous les ans (Chaque année), il visite Paris.

5 millions de morts par an (chaque année) sont liés au tabac dans le monde entier.

cher / bon marché

Nous avons choisi la robe la moins chère.

Une bague de diamant, ça coûte cher.

(cf. cher ami / Ses enfants lui sont chers.)

J'ai acheté ce canapé (à) bon marché au marché aux puces.

Il cherche des articles bon marché.

● 수형용사 / 수명사 / 어림수 명사

mille fois / trois mille élèves

cinq millions de téléspectateurs / deux milliards de dollars

une demi-douzaine d'œufs / plusieurs dizaines d'ouvriers

une centaine de mètres / sept milliers d'habitants

ACTIVITÉS

1. 본문을 읽고 다음 질문에 답하시오.

1) Résumez l'origine du Marché aux Puces de Saint-Ouen.

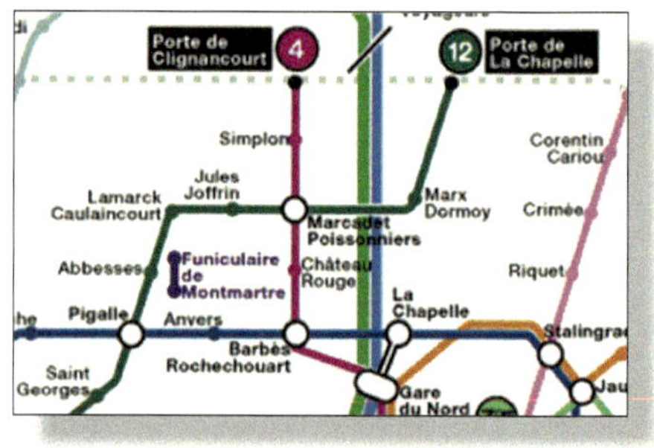

2) Décrivez tout ce qu'on peut y faire.

3) Imaginez qu'un touriste vous demande comment y aller depuis le métro « Pigalle ». Répondez-lui.

2. 프랑스어로 옮기시오.

1) 나는 당신이 성실하다는 점에 대해서는 전혀 의심하지 않습니다. (quant à, honnêteté)

2) 10년 동안의 결혼 생활 끝에 그들은 이혼했다. (au bout de)

3) 부모님이 떠나자마자 줄리앙(Julien)은 친구들을 집에 초대했다.

4) 마리(Marie)는 필요한 것들을 여행용 가방에 넣었다. (valise)

3. 주어진 단어들을 활용하여 다음 질문에 프랑스어로 답하시오.

1) Imaginez que vous vous êtes réveillé(e) tard ce matin, puis décrivez cette matinée à votre voisin.
(se lever / se préparer / s'habiller / se dépêcher / etc.)

2) Récemment, dans quel ordre avez-vous pris une douche ?
(se laver / se savonner / se rincer / s'essuyer / se sécher / se brosser / se peigner / se raser / etc.)

Leçon 3

La Dernière Classe

Alphonse Daudet (1840-1897)

Ce matin-là, j'étais très en retard pour aller à l'école, et j'avais grand-peur d'être grondé, d'autant que M. Hamel nous avait dit qu'il nous interrogerait sur les participes, et je n'en savais pas le premier mot. Un moment l'idée m'est venue de manquer la classe et de prendre ma course à travers champs. Le temps était si chaud, et si clair !

Eh bien ! non. M. Hamel m'a regardé sans colère et m'a dit très doucement :

« Va vite à ta place, mon petit Franz ; nous allions commencer sans toi. »

Pendant que je m'étonnais de tout cela, M. Hamel était monté dans sa chaire, et de la même voix douce et grave dont il m'avait reçu, il nous a dit :

« Mes enfants, c'est la dernière fois que je vous fais la classe. L'ordre est venu de Berlin de ne plus enseigner que l'allemand dans les écoles de l'Alsace et de la Lorraine... Le nouveau maître arrive demain. Aujourd'hui, c'est votre dernière leçon de français. Je vous prie d'être bien attentifs. »

L'idée qu'il allait partir, que je ne le verrais plus, me faisait oublier les punitions, les coups de règle.

Pauvre homme ! C'est en l'honneur de cette dernière classe qu'il avait mis ses beaux habits du dimanche, et maintenant je comprenais pourquoi ces vieux du village étaient venus s'asseoir au bout de la salle. Cela semblait dire qu'ils regrettaient de ne pas y être venus plus souvent, à cette école.

C'était aussi comme une façon de remercier notre maître de quarante ans de bons services, et de rendre leurs devoirs à la patrie qui s'en allait...

J'étais étonné de voir comme je comprenais. Tout ce qu'il disait me semblait facile, facile. Je crois aussi que je n'avais jamais si bien écouté et que lui non plus n'avait jamais mis autant de patience à ses explications.

La leçon finie, on est passé à l'écriture. Pour ce jour-là, M. Hamel nous avait préparé des exemples tout neufs, sur lesquels était écrit en belle ronde : *France, Alsace, France, Alsace.* Cela faisait comme des petits drapeaux qui flottaient tout autour de la classe, pendus à la tringle de nos pupitres.

Tout à coup, l'horloge de l'église a sonné midi, puis l'Angelus.

Alors il s'est tourné vers le tableau, a pris un morceau de craie et, en appuyant de toutes ses forces, il a écrit :

« VIVE LA FRANCE ! »

Ah ! Je m'en souviendrai de cette dernière classe...

(Adapté de *La Dernière Classe* d'Alphonse Daudet)

GRAMMAIRE ET EXPRESSIONS

● 대과거 : 조동사의 반과거 + 과거분사

AVOIR + 과거분사	ÊTRE + 과거분사
j'avais mis tu avais réuni il avait rendu nous avions caché vous aviez appris ils avaient reconnu	j'étais passé(e) tu étais devenu(e) elle était morte nous étions descendu(e)s vous étiez retourné(e)(s) elles étaient restées

L'orage avait cessé quand a sonné l'heure du départ.

Il avait pris le bus tous les matins pendant dix ans. Il était fatigué. Alors il s'est décidé à acheter une voiture.

Je lui ai demandé ce qui l'avait tant énervé la veille.

Ne prends pas l'avion. J'ai rêvé que ton avion s'était écrasé.

Je ne savais pas ce qui s'était passé entre eux.

Elle a oublié qu'elle s'était déjà lavé les mains.

[연습문제 1] 괄호 안의 동사를 대과거 형태로 바꾸어 빈칸을 채우시오.

1. Il m'a répondu qu'il ______________ ma lettre. (ne pas recevoir)
2. Ils ______________ bien ______________ jusqu'à la veille, mais ce matin-là, ils se sont disputés. (s'entendre)
3. Je ne savais pas que Nathalie ______________ en Amérique du Sud. (partir)

4. J'ai lu le roman que tu ______________________ cet été. (me prêter)

5. Elle nous a montré qu'elle ________________________ raison. (avoir)

6. Il a repensé à l'histoire que son père _______________. (lui raconter)

7. Tu ne savais pas pourquoi ils ___________________ ce jour-là ? (se disputer)

[연습문제 2] 괄호 안의 동사를 대과거로 바꾼 후, 상응하는 문장끼리 연결하시오.

1. Je (traverser) déjà le carrefour	•	•	elle (ne pas passer) à la banque.
2. Nous avons reçu la commande	•	•	nous leur avons envoyé une lettre en recommandé.
3. Comme ils (ne pas répondre),...	•	•	lorsqu'il y a eu le dégât des eaux ?
4. Vous (ne pas encore s'assurer)...	•	•	que vous nous (poster) la semaine dernière.
5. Je n'ai pas compris pourquoi, avant de partir,...	•	•	quand une voiture est arrivée sur ma droite.

[연습문제 3] 괄호 안의 동사를 적절한 과거 시제로 변화시키시오.

J'________________ (être) très heureuse de revoir Irène hier. On ________________ (faire) tellement de choses ensemble, quand on ______________ (être) plus jeune. Hier, elle ______________ (venir) à Paris et on _____________ (se donner) rendez-vous dans un petit café près de mon bureau. On _____________ (discuter) plusieurs heures de nos souvenirs passés : le voyage qu'on _____________ (faire) en Provence, les belles vacances qu'on _____________ (passer) sur l'Île de Ré. On _____________ (être) gaies et la soirée _____________ (être) vraiment agréable. C'est bon d'avoir de vrais amis !

● même

Tu dis toujours la même chose.

Il est la bonté même.

J'ai toujours dit cela même.

Tous, mes camarades même m'ont abandonnée.

Je me trompais moi-même.

● d'autant ~ que

Je ne remettrai plus les pieds dans ce café d'autant que les serveurs ne sont pas polis.

Le regret est d'autant plus vif que la faute est plus grave.

Je peux d'autant mieux le comprendre que j'ai eu la même maladie autrefois.

● ne ~ plus que / ne ~ pas que

Tous mes copains sont partis, il n'y a plus qu'elle pour moi.

Je ne suis pas là que pour regarder.

L'homme ne vit pas que de pain.

● prier / remercier / interroger / informer

Elle a prié le ciel d'aider ses parents.

Il les a remerciés d'être venus la voir.

Il faudrait interroger les consommateurs sur nos produits.

On l'a informée que le musée serait fermé le lundi.

ACTIVITÉS

1. 본문을 읽고 다음 질문에 답하시오.

1) Où et quand se déroule cette histoire ?

2) Pourquoi Franz avait-il grand-peur ?

3) Pourquoi M. Hamel ne s'est-il pas mis en colère ?

4) Pour quelle raison les vieux du village étaient-ils venus à l'école ?

5) Qu'est-ce que M. Hamel a écrit sur le tableau ?

2. 프랑스어로 옮기시오.

1) 맨날 똑같아! 우리가 소풍을 가려고 할 때마다 비가 오기 시작하잖아!

2) 그는 3년 전에 축구를 그만두었다. (renoncer à)

3) 회의는 8월 31일에 열릴 예정입니다. (avoir lieu)

4) 어제 나는 주문한 책을 찾으러 서점에 갔다.

5) 그는 가족에게 정말로 성실하다. (loyauté)

3. 주어진 단어를 활용하여 대화를 완성하시오.

être transporté d'urgence à l'hôpital / petit déjeuner / se sentir mal / appeler le médecin / diagnostiquer une crise d'appendicite

Vous avez rendu visite à votre amie malade.

Vous : Ça va, Catherine ? J'étais inquiet pour toi.

Catherine : Merci d'être venu ! Mais comment as-tu su que je suis à l'hôpital ?

Vous : Hier, j'ai téléphoné pour te proposer d'aller au cinéma avec moi. Ta mère m'a répondu et m'a appris que ...

Leçon 4 Solidarité contre la faim et la pauvreté

Savez-vous que, dans les pays en voie de développement, une personne meurt de faim toutes les 4 secondes ? Dans certains pays, la situation est pire que dans d'autres : c'est en Afrique que les enfants souffrent le plus souvent de la pauvreté. Dans ces régions, la malnutrition est la cause majeure de la mortalité infantile.

Vous allez alors vous rendre compte de la chance que vous avez de ne pas connaître ce malheur. Ou bien vous devez vous dire que la vie est vraiment injuste. Mais la faim et la pauvreté ne sont pas une fatalité. C'est notamment sur ce fait que notre association tient à insister. Nous pouvons et nous devons agir ! Le monde est « un village », et ce qui se passe de l'autre côté du monde nous concerne. L'objectif de notre association, c'est de réduire la pauvreté et la faim dont souffrent les enfants.

Il est important, pour les enfants, de prendre un bon départ dans la vie, non seulement pour survivre mais aussi pour se développer correctement sur tous les plans : physique, intellectuel et affectif. Or, la pauvreté y fait obstacle et se transmet de génération en génération.

Que faire ? On devra d'abord améliorer la santé des enfants victimes de la famine. C'est une condition nécessaire pour lutter contre la pauvreté. Quand on aura permis aux enfants l'accès aux soins médicaux et à la nutrition, il faudra leur offrir une éducation de base. Apprendre, c'est aussi l'un des droits essentiels des enfants.

C'est maintenant qu'il faut le faire. Si nous réussissons, non seulement nous aurons sauvé des vies d'enfants, mais nous aurons aussi contribué à l'égalité et à la fraternité dans le monde. Venez donc rejoindre notre association, si vous voulez vous engager dans une bonne cause. Rassemblons-nous !

Source : Médecins Sans Frontières

GRAMMAIRE ET EXPRESSIONS

동사의 활용

	survivre	souffrir	rejoindre
je	survis	souffre	rejoins
tu	survis	souffres	rejoins
il (elle)	survit	souffre	rejoint
nous	survivons	souffrons	rejoignons
vous	survivez	souffrez	rejoignez
ils (elles)	survivent	souffrent	rejoignent

[연습문제 1] 괄호 안의 동사를 변화시켜 빈칸을 채우시오.

1. Il n'a pas pu ___________ à cet accident terrible. (survivre)
2. Elle a ___________ de 5 ans à son mari. (survivre)
3. Je ___________ du froid. (souffrir)
4. Ils ont ___________ toute leur vie. (souffrir)
5. Je vous ___________ tout de suite. (rejoindre)
6. Il a ___________ le Parti Socialiste. (rejoindre)

● 전미래 : 조동사의 단순미래 + 과거분사

AVOIR + 과거분사	ÊTRE + 과거분사
j'aurai fait tu auras dit il (elle) aura terminé nous aurons choisi vous aurez obtenu ils (elles) auront vu	je serai passé(e) tu seras devenu(e) il (elle) sera entré(e) nous serons resté(e)s vous serez mort(e)(s) ils (elles) seront tombé(e)s

Dès que je serai arrivé, je vous téléphonerai.

Vous serez traité comme vous aurez traité autrui.

En 2030, tout aura changé.

J'aurai laissé mes lunettes en haut. Courez vite me les chercher.

[연습문제 2] 괄호 안의 표현을 이용하여 알맞은 전미래 시제의 문장으로 완성하시오.

1. Quand tu retourneras en France, je(j') ______________________. (déjà, déménager)
2. On voyagera sans visa, lorsqu'on ______________________ les frontières. (supprimer)
3. À la fin de la semaine, je(j') ______________________. (déjà, partir)
4. J'espère que nous ______________________ avant 18 heures. (finir)
5. Je(J') ______________________. (peut-être, se tromper)
6. Il n'est pas encore là. Il ______________________ un empêchement. (avoir)

[연습문제 3] 단순미래와 전미래 시제를 사용하여 다음 글을 완성하시오.

A : Allô ?

B : Allô chéri ? C'est moi, dis, tu ___________ (pouvoir) aller chercher Léo à la gare, demain ?

A : Je te le ___________ (dire) quand je(j') ___________ (téléphoner) à mon garagiste. La voiture est encore en révision.

B : D'accord, tiens-moi au courant dès que tu l'___________ (appeler). Moi, je n'___________ (avoir) pas le temps demain, et si personne ne peut y aller, il ___________ (falloir) le prévenir. Et puis, à son retour, il ___________ (falloir) lui dire qu'on a perdu son hamster...

A : Tu crois ? Mais si je le lui dis, il me ___________ (faire) la tête pendant des semaines...

● 분리구문 C'est ~ qui/que

C'est Pierre/lui qui a raison.

C'est/Ce sont Pierre et Jean qui ont la responsabilité de réparer les machines.

C'est nous qui allons participer à la réunion.

Ce sont eux/elles qui s'occupent des enfants.

C'est/Ce sont le chocolat et les bonbons que préfèrent les enfants.

C'est à Juliette que je dois téléphoner.

C'est à vous que la princesse raconte une histoire triste.

Ce n'est pas parce qu'il pleuvait que je suis rentrée chez moi.

[연습문제 4] 빈칸에 qui 또는 que 중 알맞은 표현을 넣으시오.

1. C'est moi __________ vous ai envoyé la lettre.
2. Aujourd'hui, c'est moi __________ invite.
3. C'est bien ça __________ vous voulez dire ?
4. C'est nous __________ sommes arrivés les premiers.
5. C'est cette photo __________ je lui ai montrée.
6. C'est à moi __________ vous parlez ?
7. C'est par mail __________ elle nous a contactés.
8. Ce n'est pas parce qu'il est beau __________ je l'aime.

[연습문제 5] 주어진 동사를 알맞은 형태로 바꾸어 빈칸을 채우시오.

1. Je suis en retard ? — Non, ce n'est pas toi qui __________ (être) en retard, c'est moi qui __________ (être) en avance.
2. Vous avez les billets ? — Non, c'est Thierry et Cécile qui les __________ (avoir).
3. Ce sont ces modèles qu'ils __________ (avoir acheté), pas ceux-là.
4. Il peut venir à l'aéroport ? — Non, c'est nous qui __________ (aller) venir te chercher.

비교의 표현 pire, moindre

La situation est bien pire que je ne le croyais. (cf. Ce fromage sent plus mauvais que celui-ci.)	C'est le pire.
L'intérêt est moindre que vous ne le croyez. (cf. Son frère est plus petit que lui.)	Elle n'admet pas la moindre faute.

주기의 표현

Je fais du sport	**chaque**	matin.
Elle vient	**tous les**	jours.
Le bus circule	**toutes les dix**	minutes.
Je vais à la piscine	**le**	samedi.

certain / autre

Dans un certain sens l'opposition a plutôt raison.

Certaines phrases de ce texte sont équivoques.

Certains d'entre eux ont accepté la proposition.

Donnez-moi un autre café.

Bon, vous avez d'autres questions ?

Certains élèves ont beaucoup plus de peine que d'autres à fixer leur attention.

tenir à

Il tient beaucoup à moi.

Je tiens à vous remercier.

À quoi tient son succès ?

Son échec tient à un manque de confiance.

du côté de

Je me suis installé du côté de la fenêtre.

Sinon, quoi de neuf de ton côté ?

J'ai trois tantes du côté de mon père.

Du côté de la santé, tout va bien.

de ~ en ~

Marc grossit de plus en plus.

On parle de moins en moins de ce meurtre.

Pour moi, c'est de pire en pire, alors que pour elle, c'est de mieux en mieux.

ACTIVITÉS

1. 본문 내용에 비추어 다음 문장이 참인지 거짓인지 답하시오.

1) Il s'agit d'un message d'une association caritative. (V / F / ?)

2) Ce sont toujours les adultes qui souffrent de la faim. (V / F / ?)

3) La faim tue toutes les 4 minutes. (V / F / ?)

4) Personne ne meurt de faim en Asie. (V / F / ?)

5) Selon le message, les gens pauvres ne peuvent jamais devenir riches. (V / F / ?)

2. 프랑스어로 옮기시오.

1) 그는 파리에 돌아온 후 우리와 합류했다. (rejoindre, retour)

2) 우리 집에서는 아빠가 요리를 하신다. (c'est ~ qui)

3) 거짓말은 그 무엇보다 나쁘다. (pire, tout)

4) 그는 건강이 점점 더 좋아지고 있다. (mieux)

5) 우리나라에서는 대통령을 5년마다 선출한다. (élire, tous)

3. 보기와 같이 전미래와 단순미래 시제를 사용하여 여러분의 향후 계획 서너 가지를 순차적으로 이야기하시오.

보기) Quand j'aurai fini mes études, je chercherai un travail.
Quand j'aurai trouvé un travail ...

4. 다음에 제시된 단체 혹은 운동에 대해 보기와 같이 프랑스어로 간략히 소개하시오.

Emmaüs – Téléthon – Médecins sans frontières – Action contre la faim – Les Restaurants du cœur - Unicef

보기) « Unicef », c'est une association qui ...
Le « Mouvement Emmaüs », c'est un ensemble d'associations qui ...

Leçon 5

C'est mon choix !

Je travaille dans une société de publicité depuis six ans. Je suis responsable du service des relations publiques. Il y a cinq mois, j'ai reçu une proposition de poste très intéressante de la part d'un grand groupe multinational. Il s'agissait d'un poste de directeur de communication avec un salaire supérieur de 40 % à celui que j'avais. J'ai longtemps réfléchi, et finalement, j'ai dit non. D'abord, je gagne déjà bien ma vie. Mais c'est surtout pour ma famille que j'ai refusé cette proposition. J'ai un garçon de cinq ans et je voudrais avoir un autre enfant. Il n'en serait pas question avec de nouvelles responsabilités de directrice ! Là, je connais bien mon métier, le stress des débuts est déjà passé. Par ailleurs, mon travail me plaît beaucoup, je m'entends très bien avec tous mes collègues, et surtout j'ai du temps ! Qu'est-ce que j'aurais gagné si j'avais accepté ce poste ? J'aurais sûrement gagné beaucoup plus d'argent. J'aurais sans doute acheté un appartement plus grand, j'aurais remplacé ma voiture par une plus chère et plus confortable, j'aurais passé des vacances de rêve dans des hôtels de luxe, j'aurais envoyé mon fils aux sports d'hiver... Justement, cette année, il n'y est pas allé. Comme j'avais du temps, je suis partie avec lui en Suisse voir ses grands-parents qui habitent à Genève. Il en était ravi ! Je ne regrette donc pas mon choix... De plus, si tout va bien, nous allons avoir notre deuxième enfant l'année prochaine. Si j'avais changé de travail, je n'aurais pas eu le temps de m'occuper de mon fils, et il aurait dû attendre encore des années avant d'avoir un frère ou une sœur. Non, je ne regrette rien, car pour moi, s'épanouir pleinement dans son travail, ce n'est pas autre chose que de s'épanouir dans sa famille.

(Marie-Pierre, 36 ans, Nantes)

GRAMMAIRE ET EXPRESSIONS

조건법 과거 : 조동사의 조건법 현재 + 과거분사

AVOIR + 과거분사	ÊTRE + 과거분사
j'aurais reçu tu aurais mis il (elle) aurait été nous aurions eu vous auriez dû ils (elles) auraient pris	je serais descendu(e) tu serais devenu(e) il (elle) serait mort(e) nous serions rentré(e)s vous seriez arrivé(e)(s) ils (elles) seraient sorti(e)s

Si Laura était venue la rejoindre ici, elle aurait préparé une chambre à côté de la sienne.

J'aurais pu les emmener dans ma voiture. (=Mais je ne l'ai pas fait.)

Christine et Gabriel se seraient mariés la semaine dernière.

Si j'avais pu, j'aurais assisté à cette conférence.

Je croyais qu'il aurait fini le travail avant midi.

[연습문제 1] 주어진 동사를 조건법 과거 형태로 바꾸어 빈칸을 채우시오.

1. Tu ________________ m'informer plus tôt. (devoir)
2. Si elles avaient davantage travaillé, elles ________________. (réussir)
3. Qu'est-ce que vous ________________ à leur place ? (faire)
4. Sans toi, je ________________ vivante. (ne pas s'en sortir)
5. Selon le journal, l'assassin ________________ l'hôtel vers 23 heures. (quitter)

[연습문제 2] 가장 어울리는 표현끼리 연결하시오.

1. Si tu avais réfléchi un peu, •	• je l'aurais accepté avec plaisir.
2. Si on m'avait proposé ce poste, •	• nous serions partis en week-end.
3. Si j'avais réussi mon concours, •	• nous aurions fêté cela.
4. Si tu avais terminé ton travail, •	• tu n'aurais jamais dit non.

[연습문제 3] 보기와 같이 바꾸시오.

보기) Je n'ai pas traversé, donc il ne m'a pas renversé.
→ Si j'avais traversé, il m'aurait renversé.

1. Il est venu m'aider, donc j'ai pu terminer le travail à temps.
   → Si(S')...
2. J'ai raté mon avion, donc je suis retourné chez mes amis.
   → Si(S')...
3. Ma voiture est tombée en panne, donc je suis allé travailler en métro.
   → Si(S')...
4. J'ai fait attention, donc je n'ai pas fait beaucoup de fautes.
   → Si(S')...

comme / comme si

Le téléphone a sonné juste comme j'entrais dans mon appartement.

Comme la voiture est en panne, il faut aller à pied.

Il me regardait un peu comme on regarde un fauve en cage.

Il était rapide comme l'éclair.

Comme président, c'est à vous de faire le discours.

Les animaux domestiques, comme le chien, le chat, le cheval.

C'était comme si j'avais attendu pendant tout le temps cette minute.

동사 changer의 용법

Elle a beaucoup changé en trois ans.

Il a changé sa manière de vivre.

Ils ont changé d'attitude.

J'ai changé d'avis.

Je vais me changer.

La pluie s'est changée en neige.

supérieur / inférieur ~ à

J'ai eu une note supérieure à la moyenne.

Il se croit supérieur aux autres.

J'ai un salaire inférieur au SMIC.

Nous vous conseillons de prendre une taille inférieure à la vôtre.

de + 수량 표현

La tour est haute de 324 mètres.

La température a baissé de plus de 5 degrés.

Il est âgé de 20 ans.

La taille moyenne en France est de 1,77 m.

il n'est pas question de ～ / (il n'en est) pas question !

Il n'est pas question de revenir sur cette décision.

Je peux prendre ta voiture ce soir ? — Pas question !

Cf. Il n'y a pas de question.

ACTIVITÉS

1. 본문 내용을 참조하여 다음 질문에 답하시오.

1) Où habite Marie-Pierre et que fait-elle dans la vie ?

2) Elle a combien d'enfants ?

3) A-t-elle un bon salaire ?

4) Qu'est-ce qu'on lui a proposé comme poste ?

5) A-t-elle accepté ?

2. 프랑스어로 옮기시오.

1) 그 선수는 올림픽 경기에 참가하기 위해 국적을 바꾸었다.
(Jeux olympiques, changer)

2) 그는 아마 어제 떠났을 것이다. (sans doute)

3) 그의 일본어 수준은 동료들보다 높다. (supérieur, celui/celle de...)

4) 포슈 가(街)는 길이 1300미터에 폭은 120미터이다.
(l'Avenue Foch, être long/large)

5) 그 사람에게 투표한다는 건 말도 안 된다. (voter, pas question)

3. 두 사람이 한 조가 되어 다음과 같은 상황에 알맞은 대화를 간략하게 만드시오.

Un(e) ami(e) se plaint de son travail (ou de son supérieur/appartement/fils...), et l'autre essaie de le(la) réconforter et de lui donner des conseils. Mais il(elle) lui fait aussi quelques reproches.

Leçon 6

Ça fait des heures que j'attends !

Le téléconseiller : Euro Télécom, bonjour !

M. Laporte : Bonjour, monsieur. Je vous appelle au sujet d'un problème de service. Ma connexion Internet ne marche plus depuis jeudi dernier. J'ai immédiatement téléphoné à votre service technique, qui m'a promis qu'un technicien passerait lundi dans la matinée, mais lundi matin, on m'a téléphoné pour me dire que le technicien n'était pas disponible ce jour-là, parce qu'il y avait eu une erreur de planning.

Le téléconseiller : Oui, monsieur.

M. Laporte : Alors, on m'a dit qu'il pouvait passer hier après-midi, sans préciser l'heure, bien sûr.

Le téléconseiller : Oui, monsieur.

M. Laporte : Alors, hier, à 19 heures, votre technicien m'a téléphoné et m'a dit qu'il ne pourrait pas venir, parce qu'il était retardé par patati patata... Nous avons donc repris rendez-vous pour ce matin. Or, vous voyez, il est 14 heures 30, et naturellement, il n'est pas encore arrivé. C'est pas possible ! Je peux savoir ce qui se passe ?

Le téléconseiller : Je vois, monsieur, je comprends tout à fait votre indignation. Un instant, s'il vous plaît, je vérifie. Oui, en effet, notre technicien avait deux rendez-vous ce matin, un autre client et vous. Attendez une seconde, je vais essayer de le joindre sur son portable. (*Quelques minutes plus tard.*) Oui, c'est vrai qu'il est un peu en retard, mais il fait tout pour arriver le plus vite possible.

M. Laporte : Comment ça, « un peu en retard » ? J'ai déjà perdu tout l'après-midi d'hier, et toute la matinée d'aujourd'hui, mais ce n'est pas grave, bien sûr, ça n'a absolument aucune importance !

Le téléconseiller : Monsieur, je suis vraiment désolé, ce n'est pas la faute de notre technicien. Écoutez, si cela vous convient, nous vous offrons la réparation. Je vais prévenir notre technicien. Vous n'aurez rien à payer.

M. Laporte : Bon, c'est toujours ça. Au moins, vous êtes correct et je vous en remercie.

GRAMMAIRE ET EXPRESSIONS

● 부정한정사/대명사 aucun

Il n'a aucun talent.
Je n'en ai aucune idée !

[연습문제 1] 빈칸에 aucun 또는 aucune 중 알맞은 표현을 넣으시오.

1. Elle n'a plus ________ ami en France.
2. Il reviendra sans ________ doute.
3. ________ d'entre elles ne me connaît.
4. Ils m'ont montré trois robes, mais ________ ne m'a plu.

[연습문제 2] aucun을 사용하여 주어진 표현과 반대되는 뜻의 문장을 만드시오.

1. Tous les arbres seront coupés.
2. Il nous a parlé de tous ses problèmes.
3. Il a fait des progrès énormes.
4. J'ai très envie d'aller à Singapour l'année prochaine.

● 간접화법

직접화법	간접화법
Elle me dit : « Je ne t'aime plus. »	Elle me dit qu'elle ne m'aime plus.

1. 평서문

직접화법	간접화법
Elle m'a dit : « Je vais partir demain. »	Elle m'a dit qu'elle allait partir le lendemain.
현재 반과거 복합과거/대과거 단순미래 전미래	반과거 반과거 대과거 조건법 현재 조건법 과거
aujourd'hui hier demain ce matin il y a deux jours la semaine prochaine la semaine dernière	ce jour-là la veille le lendemain ce matin-là deux jours auparavant la semaine suivante/d'après la semaine précédente/d'avant

[연습문제 3] 다음을 간접화법으로 바꾸시오.

1. Il a répondu : « Je ne me doutais de rien. »

   → Il a répondu que(qu') _____ ne __________________ de rien.

2. L'autre jour, il m'a dit : « Je ne suis pas venu hier, mais je viendrai aujourd'hui. »

   → L'autre jour, il m'a dit que(qu') ____________ n'était pas venu _________ mais que(qu') ________ viendrait __________________.

3. Il y a huit jours, ils nous ont écrit : « Nous ne pourrons pas partir avec vous demain. »

   → Il y a huit jours, ils nous ont écrit qu'ils ne ___________ pas partir avec nous ___________.

4. Il y a deux semaines, je leur ai répondu : « Je serai parti en vacances samedi prochain. »

   → Il y a deux semaines, je leur ai répondu que je ____________ en vacances le samedi ___________.

2. 의문문

직접화법	간접화법
Il se demande : « Elle m'aime encore ? » est-ce que qui/où/comment/combien/pourquoi cf. qu'est-ce qui cf. que/qu'est-ce que	Il se demande si elle l'aime encore. si qui/où/comment/combien/pourquoi ce qui ce que

[연습문제 4] 다음을 간접화법으로 바꿀 때 빈칸에 알맞은 표현을 넣으시오.

1. M. Jaurès lui a demandé : « Pouvez-vous me téléphoner ce soir ? »
   → M. Jaurès lui a demandé ________ il/elle pouvait lui téléphoner ________.
2. Ma mère m'a demandé : « Pourquoi tu ne mets pas ton blouson ? »
   → Ma mère m'a demandé ________ je ne mettais pas ________ blouson.
3. Il m'a demandé : « Qu'est-ce qui ne va pas ? »
   → Il m'a demandé ________ n'allait pas.
4. Je leur ai demandé : « Qu'est-ce que vous faites samedi ? »
   → Je leur ai demandé ________ ils ________ samedi.

3. 명령문

직접화법	간접화법
Il a dit à son fils : « Mets ton manteau. »	Il a dit à son fils de mettre son manteau.
명령문	de + 부정법

[연습문제 5] 다음을 간접화법으로 바꿀 때 빈칸에 알맞은 표현을 넣으시오.

Il m'a dit : « Donne-moi ton numéro de téléphone. »

→ Il m'a dit/demandé ________ lui ________________ mon numéro de téléphone.

불만의 표현

Ce n'est pas possible !

C'est incroyable !

C'est scandaleux !

Ce n'est pas vrai !

Je trouve ça inacceptable !

Vous plaisantez !

Comment ça ?

matin / matinée, jour / journée, soir / soirée

Le matin, il fait du jogging, l'après-midi, il travaille, et le soir, il sort avec ses amis.

Je suis à Strasbourg depuis trois jours.

Elle vient nous voir tous les jours/matins/soirs.

Je le ferai dans la journée/matinée/soirée.

J'ai travaillé toute la journée/matinée/soirée.

Bonne journée/matinée/soirée !

au moins / au plus

Ils sont partis il y a au moins une heure.

Son travail est parfait, pour moi (tout) au moins.

La douleur ne va durer que quelques jours (tout) au plus.

C'est une petite fille d'une dizaine d'années (tout) au plus.

Je serai là dans deux jours au plus tard/tôt.

ACTIVITÉS

1. 본문 내용에 비추어 다음 문장이 참인지 거짓인지 답하시오.

1) L'ordinateur du client est en panne. (V / F / ?)

2) C'est la deuxième fois que le client attend un technicien. (V / F / ?)

3) Le téléconseiller parle agressivement au client. (V / F / ?)

4) Le technicien a eu un accident de voiture. (V / F / ?)

5) La réparation sera gratuite. (V / F / ?)

2. 프랑스어로 옮기시오.

1) 오전 중에 다시 전화 드리겠습니다. (rappeler)

2) 나는 아침마다 일어나기가 매우 힘들다. (avoir du mal)

3) 그 사람들을 도와주고 싶지 않다면 적어도 방해는 하지 마라. (au moins)

4) 그는 늦어도 3시까지는 도착할 것이라 말했다. (au plus)

3. 두 사람이 한 조가 되어 다음과 같은 상황에서 두 이웃 사이에서 일어날 수 있는 대화를 만드시오.

Votre voisin(e) sonne à votre porte et vous accuse violemment de faire beaucoup de bruit. Vous reconnaissez que vous avez fait du bruit la veille au soir.

Leçon 7

Adrienne

Gérard de Nerval (1808-1855)

J'ai regagné mon lit et je n'ai pu y trouver le repos. Plongé dans une demi-somnolence, toute ma jeunesse repassait en mes souvenirs. Cet état permet souvent de voir se presser en quelques minutes les tableaux les plus saillants d'une longue période de la vie.

Je me représentais un château du temps de Henri IV avec ses toits pointus couverts d'ardoises et sa face rougeâtre aux encoignures dentelées de pierres jaunies, une grande place verte encadrée d'ormes et de tilleuls, dont le soleil couchant perçait le feuillage de ses traits enflammés. Des jeunes filles dansaient en rond sur la pelouse en chantant de vieux airs transmis par leurs mères, et d'un français si naturellement pur que l'on se sentait bien exister dans ce vieux pays du Valois, où, pendant plus de mille ans, a battu le cœur de la France.

J'étais le seul garçon dans cette ronde, où j'avais amené ma compagne toute jeune encore, Sylvie, une petite fille du hameau voisin, si vive et si fraîche, avec ses yeux noirs, son profil régulier et sa peau légèrement hâlée !... Je n'aimais qu'elle, je ne voyais qu'elle, — jusque-là ! A peine avais-je remarqué, dans la ronde où nous dansions, une blonde, grande et belle, qu'on appelait Adrienne. Tout d'un coup, suivant les règles de la danse, Adrienne s'est trouvée placée seule avec moi au milieu du cercle. On nous a dit de nous embrasser, et la danse et le chœur tournaient plus vivement que jamais. De ce moment, un trouble inconnu s'est emparé de moi. — La belle devait chanter pour avoir le droit de rentrer dans la danse. La mélodie se terminait à chaque stance par ces trilles chevrotants que font valoir si bien les voix jeunes. A mesure qu'elle chantait, l'ombre descendait des grands arbres, et le clair de lune naissant tombait sur elle seule, isolée de notre cercle attentif. Nous pensions être en paradis. Quand je suis revenu près de Sylvie, je me suis aperçu qu'elle pleurait.

(Adapté de *Sylvie* de Gérard de Nerval)

GRAMMAIRE ET EXPRESSIONS

● laisser + 부정법

Hélène laisse	son chien jouer dans le jardin.
	jouer son chien dans le jardin.

Mon frère me laisse dormir sur son lit.

Laisse-la passer.

Le gardien du parc ne laisse pas	les promeneurs cueillir les fleurs.
	cueillir les fleurs aux promeneurs.

Elle les / leur laisse découvrir la région eux-mêmes.

Cette émission, il va nous la laisser regarder.

[연습문제 1] 보기처럼 laisser를 사용하여 문장을 바꾸시오.

> 보기) Il se repose. (Nous)
> → Nous le laissons se reposer.

1. Je sors le samedi soir. (Mes parents)

   →

2. Pierre a parlé pendant une heure. (Nous)

   →

3. Nous allons prendre sa voiture. (Juliette)

   →

4. Les enfants courent sur la pelouse. (Georges)

   →

지각동사 + 부정법

Elle regarde | tomber la neige.
la neige tomber.

J'ai écouté | Sylvie jouer les *Préludes* de Debussy.
jouer les *Préludes* de Debussy par Sylvie.

Nous le leur avons entendu dire.

[연습문제 2] 보기처럼 지각동사 구문으로 바꾸시오.

보기) Il peint un paysage. (Je regarde)
→ Je le regarde peindre un paysage.

1. Nicolas parle couramment l'anglais. (Nous avons entendu)

→

→

2. Elle sort de chez elle. (J'ai vu)

→

3. Ils prennent le bus. (J'aperçois)

→

4. Une main la touche. (Elle sent)

→

[연습문제 3] 밑줄 친 부분을 대명사로 바꾸어 문장을 다시 쓰시오.

1. Son mari la laisse acheter cette robe.

   →

2. Nous entendons les étudiants répéter la pièce de théâtre.

   →

3. Au printemps, on voit les hirondelles bâtir leurs nids.

   →

4. Maintenant, on laisse utiliser la photocopieuse aux étudiants.

   →

à peine

Il sait à peine lire. / Il a à peine trois ans.

Elle était à peine sortie qu'il a commencé à pleuvoir.

A peine le soleil est-il levé qu'on se met en marche.

ACTIVITÉS

1. 본문을 읽고 질문에 답하시오.

1) Avec qui le narrateur est-il allé au château ?

2) Qu'est-ce qu'Adrienne devait faire pour retourner dans la danse ?

3) Où s'est déroulée cette scène ?

4) Qu'est-ce qu'on leur a demandé, à Adrienne et à ce garçon ?

5) Pourquoi Sylvie pleurait-elle quand il est revenu près d'elle ?

2. 프랑스어로 옮기시오.

1) 나는 학생들이 그 영화를 보도록 내버려두었다.

2) 그의 부모님은 그가 혼자서 파리를 구경하도록 했다.

3) 그들이 들어오도록 내버려두세요.

4) 우리는 그 소녀가 슬픈 가락을 노래하는 것을 들었다.

5) 나는 누군가가 내 어깨를 만지는 것을 느꼈다.

3. Racontez un épisode inoubliable de votre enfance.

Leçon 8

Deux œuvres de Camus

Albert Camus (1913-1960)

L'Étranger

Les lampes de la rue se sont alors allumées brusquement et elles ont fait pâlir les premières étoiles qui montaient dans la nuit. J'ai senti mes yeux se fatiguer à regarder ainsi les trottoirs avec leur chargement d'hommes et de lumières. Les lampes faisaient luire le pavé mouillé et les tramways, à intervalles réguliers, mettaient leurs reflets sur des cheveux brillants, un sourire ou un bracelet d'argent. Peu après, avec les tramways plus rares et la nuit déjà noire au-dessus des arbres et des lampes, le quartier s'est vidé insensiblement, jusqu'à ce que le premier chat traverse lentement la rue de nouveau déserte. J'ai pensé alors qu'il fallait dîner. J'avais un peu mal au cou d'être resté longtemps appuyé sur le dos de ma chaise. Je suis descendu acheter du pain et des pâtes, j'ai fait ma cuisine et j'ai mangé debout. J'ai voulu fumer une cigarette à la fenêtre, mais l'air avait fraîchi et j'ai eu un peu froid. J'ai fermé mes fenêtres et en revenant j'ai vu dans la glace un bout de table où ma lampe à alcool voisinait avec des morceaux de pain. J'ai pensé que c'était toujours un dimanche de tiré, que maman était maintenant enterrée, que j'allais reprendre mon travail et que, somme toute, il n'y avait rien de changé.

(Albert Camus, *L'Étranger*, Première partie, Chapitre II)

Le Premier Homme

Oh ! oui, c'était ainsi, la vie de cet enfant avait été ainsi, la vie avait été ainsi dans l'île pauvre du quartier, liée par la nécessité toute nue, au milieu d'une famille infirme et ignorante, avec son jeune sang grondant, un appétit dévorant de la vie, l'intelligence farouche et avide, et tout au long un délire de joie coupé par les brusques coups d'arrêt que lui infligeait un monde inconnu, le laissant alors décontenancé, mais vite repris, cherchant à comprendre, à savoir, à assimiler ce monde qu'il ne connaissait pas, et l'assimilant en effet parce qu'il l'abordait avidement, sans essayer de s'y faufiler, avec bonne volonté mais sans bassesse, et sans jamais manquer finalement d'une certitude tranquille, une assurance oui, puisqu'elle assurait qu'il parviendrait à tout ce qu'il voulait et que rien, jamais, ne lui serait impossible de ce qui est de ce monde et de ce monde seulement, se préparant (et préparé aussi par la nudité de son enfance) à se trouver à sa place partout, parce qu'il ne désirait aucune place, mais seulement la joie, les êtres libres, la force et tout ce que la vie a de bon, de mystérieux et qui ne s'achète ni ne s'achètera jamais. Se préparant même à force de pauvreté à être capable un jour de recevoir l'argent sans jamais l'avoir demandé et sans jamais lui être soumis, tel qu'il était maintenant, lui, Jacques, à quarante ans, régnant sur tant de choses et si certain cependant d'être moins que le plus humble, et rien en tout cas auprès de sa mère. Oui, il avait vécu ainsi dans les jeux de la mer, du vent, de la rue, sous le poids de l'été et les lourdes pluies du bref hiver, sans père, sans tradition transmise, mais trouvant un père pendant un an, et juste au moment où il le fallait, et avançant à travers les êtres et les choses des [ ][1], la connaissance qui s'ouvrait à lui pour se fabriquer quelque chose qui ressemblait à une conduite (suffisant à ce moment pour les circonstances qui s'offraient à lui, insuffisantes plus tard devant le cancer du monde) et pour se créer sa propre tradition.

(Albert Camus, *Le Premier Homme*, Deuxième partie)

1 Un mot illisible.

GRAMMAIRE ET EXPRESSIONS

faire + 부정법

Je fais manger les enfants.

Paul fait laver sa voiture et puis il la fait réparer par le mécanicien.

Elle leur a fait croire qu'elle était innocente.

Tu as changé de portable ? Fais voir, s'il te plaît.

On aurait dit qu'avant de s'en aller le pauvre homme voulait nous donner tout son savoir, nous le faire entrer dans la tête d'un seul coup.

[연습문제 1] 보기와 같이 faire를 사용하여 문장을 바꾸시오.

보기) Les enfants rangent leurs affaires. (l'institutrice)
→ L'institutrice fait ranger leurs affaires aux enfants.

1. Elle entre dans le bureau du directeur. (La secrétaire)
   →
2. Ils font leurs devoirs. (Mme Dubois)
   →
3. Nous achetons des choses inutiles. (La publicité)
   →
4. Tu as lu *Le Petit Prince* ? Je l'ai lu pendant le cours de français. (Le professeur)
   →

5. Les employés travaillent le week-end. (Le directeur de l'entreprise)

→

6. Les garçons aideront les filles. (Je)

→

[연습문제 2] 밑줄 친 부분을 대명사로 바꾸어 문장을 다시 쓰시오.

1. Je fais lire le journal à mon ami.

→

2. Mme Kim va faire ranger la maison par la femme de ménage.

→

3. Il a fait payer très cher cette insulte à son adversaire.

→

현재분사

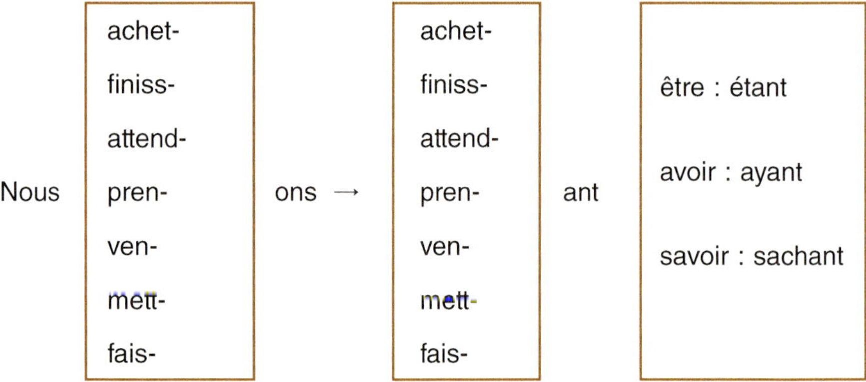

Je cherche un secrétaire parlant trois langues.

Un garçon portant un manteau rouge est entré dans la salle de classe.

Les personnes ayant plus de 18 ans peuvent voter.

Voulant s'initier au tango, il s'est inscrit à un club de danse.

Sachant qu'il ne viendra pas, elle continue néanmoins à l'attendre.

Ne voyant pas d'autres intervenants, nous allons passer à l'étape suivante.

제롱디프 : en + 현재분사

J'ai rencontré Luc en rentrant du bureau.

(cf. J'ai rencontré Luc rentrant du bureau.)

C'est en forgeant qu'on devient forgeron.

Paul s'est cassé la jambe en faisant du ski.

En travaillant régulièrement, tu pourrais réussir un examen.

Même en passant par là, nous n'arriverons pas avant minuit.

Tout en désirant la paix, la reine a dû déclarer la guerre.

[연습문제 3] 보기와 같이 제롱디프를 사용하여 문장을 바꾸시오.

보기) Il travaille et il chante en même temps.
→ Il travaille en chantant.

1. Il mange et il parle en même temps.
→

2. Elle conduit et elle fume en même temps.
→

3. Ils s'instruisent et ils s'amusent en même temps.
→

[연습문제 4] 빈칸에 현재분사 또는 제롱디프를 쓰고 그 용법을 구별하시오.

1. J'ai taché ma veste ______________ du chocolat. (manger)
2. Vous pourrez progresser ______________ des exercices. (faire)
3. ______________ qu'il serait là, je n'ai pas pris mes clés. (croire)
4. Je fais mes devoirs ______________ de la musique. (écouter)
5. Les étudiants ___________________ s'inscrire à ce cours doivent se dépêcher. (vouloir)

ne (pas) pouvoir s'empêcher de + 부정법

Elle ne peut pas s'empêcher de l'aimer.

Je n'ai pas pu m'empêcher de rire.

명사 + de + 과거분사/형용사

C'est un travail de terminé.

Voilà une affaire de classée.

Il y a deux places de libres.

Voici un carreau de plus de cassé.

ACTIVITÉS

1. 본문을 읽고 질문에 답하시오.

1) Dans le premier passage, quel est le moment de la journée ?

2) Qu'est-ce qui est récemment arrivé au narrateur ?

3) Dans le deuxième passage, où est le narrateur ?

4) Qu'est-ce que ressent le narrateur ?

2. 프랑스어로 옮기시오.

1) 그는 미소를 지으며 작별인사를 했다.

2) 그녀는 언니가 피아노 치는 것을 보면서 피아노를 배웠다.

3) 나는 화를 내지 않을 수 없었다. (s'empêcher)

4) 비가 와서 나는 창문을 닫았다. (faire + inf. 구문)

3. Racontez au passé un événement qui vous a marqué.

Leçon 9 Les élections présidentielles en France

Le mode de scrutin

En France, les élections présidentielles déterminent la personne qui assumera les fonctions de président de la République pour un mandat de cinq ans (quinquennat), au lieu de sept (septennat) avant 2000. Depuis le référendum de 1962, le scrutin présidentiel s'effectue au suffrage universel uninominal direct. Les élections présidentielles se déroulent en deux tours. Pour qu'un candidat soit élu dès le premier tour, il faut qu'il obtienne la majorité absolue des suffrages exprimés (la moitié de ces suffrages plus une voix). Dans le cas contraire, il faut qu'un second tour ait lieu deux semaines plus tard entre les deux candidats arrivés en tête au premier tour. Là, le candidat qui obtient la majorité simple est élu. Dans la pratique, un deuxième tour de vote a toujours été nécessaire, aucun candidat n'ayant jamais dépassé 50 % des suffrages exprimés au premier tour. Les résultats du scrutin sont proclamés par le Conseil constitutionnel qui a également la charge de veiller à la régularité de l'élection.

Le débat télévisé

A trois jours du second tour, un grand débat officiel a lieu entre les deux finalistes pour faciliter aux électeurs la tâche de les départager. Ce débat est appelé « duel » à cause de l'intensité de la confrontation entre les deux candidats. Le débat télévisé de 2012 s'est déroulé le mercredi 2 mai entre le Président sortant Nicolas Sarkozy et le candidat socialiste François Hollande. Il a été diffusé en direct sur différentes chaînes télévisées en France. Plus de 17 millions de téléspectateurs l'ont suivi bien qu'on n'ait pas battu le record d'audience de 2007. Un des moments marquants de ce débat a fait suite à la question de la journaliste Laurence Ferrari « Quel président comptez-vous être ? », à laquelle François Hollande a répondu, à seize reprises, par l'anaphore « Moi président de la République, je... ». Il parlait comme s'il était déjà élu Président. Nicolas Sarkozy n'a pas réagi, n'essayant même pas de l'interrompre. Au grand étonnement des électeurs, le Président sortant semblait se résigner avant le vote. À l'issue du second tour, François Hollande est élu Président de la République avec 18 000 668 voix et 51,64 % des suffrages exprimés, contre 16 860 685 voix et 48,36 % pour son adversaire.

Résultats * 1er tour

	Nombre	% Inscrits	% Votants
Inscrits	46 028 542		
Abstentions	9 444 143	20,52	
Votants	36 584 399	79,48	
Blancs ou nuls	701 190	1,52	1,92
Exprimés	35 883 209	77,96	98,08

Liste des candidats	**Voix**	**% Exprimés**
Mme Eva JOLY	828 345	2,31
Mme Marine LE PEN	6 421 426	17,90
M. Nicolas SARKOZY	9 753 629	27,18
M. Jean-Luc MÉLENCHON	3 984 822	11,10
M. Phillippe POUTOU	411 160	1,15
Mme Nathalie ARTHAUD	202 548	0,56
M. Jacques CHEMINADE	89 545	0,25
M. François BAYROU	3 275 122	9,13
M. Nicolas DUPONT-AIGNAN	643 907	1,79
M. François HOLLANDE	10 272 705	28,63

En raison des arrondis à la deuxième décimale, la somme des % exprimés peut ne pas être égale à 100,00%.

Résultats * 2er tour

	Nombre	% Inscrits	% Votants
Inscrits	46 066 307		
Abstentions	9 049 998	19,65	
Votants	37 016 309	80,35	
Blancs ou nuls	2 154 956	4,68	5,82
Exprimés	34 861 353	75,68	94,18

Liste des candidats	**Voix**	**% Exprimés**
M. François HOLLANDE	18 000 668	51,64
M. Nicolas SARKOZY	16 860 685	48,36

En raison des arrondis à la deuxième décimale, la somme des % exprimés peut ne pas être égale à 100,00%.

GRAMMAIRE ET EXPRESSIONS

접속법 현재

1.

<table>
<tr><td>Ils</td><td>écriv-
lis-
sort-
entend-
prenn-
achèt-
vienn-
grandiss-
part-</td><td>ent →</td><td>que je (j')
que tu
qu'il
qu'ils</td><td>écriv-
lis-
sort-
entend-
prenn-
achèt-
vienn-
grandiss-
part-</td><td>e
es
e
ent</td></tr>
<tr><td>Nous</td><td>écriv-
lis-
sort-
entend-
pren-
achet-
ven-
grandiss-
part-</td><td>ons →</td><td>que nous
que vous</td><td>écriv-
lis-
sort-
entend-
pren-
achet-
ven-
grandiss-
part-</td><td>ions
iez</td></tr>
</table>

2. 불규칙 변화

avoir	être	faire	aller
que j'aie	que je sois	que je fasse	que j'aille
que tu aies	que tu sois	que tu fasses	que tu ailles
qu'il/elle ait	qu'il/elle soit	qu'il/elle fasse	qu'il/elle aille
que nous ayons	que nous soyons	que nous fassions	que nous allions
que vous ayez	que vous soyez	que vous fassiez	que vous alliez
qu'ils/elles aient	qu'ils/elles soient	qu'ils/elles fassent	qu'ils/elles aillent

vouloir	pouvoir	savoir
que je veuille que tu veuilles qu'il/elle veuille que nous voulions que vous vouliez qu'ils/elles veuillent	que je puisse que tu puisses qu'il/elle puisse que nous puissions que vous puissiez qu'ils/elles puissent	que je sache que tu saches qu'il/elle sache que nous sachions que vous sachiez qu'ils/elles sachent

3. 용법

1) 희망, 염려

Il souhaite que son fils réussisse à l'examen.

Nous craignons qu'il ait un accident.

2) 판단, 의심, 의혹

Je ne pense pas qu'il puisse venir demain.

Croyez-vous que cet enfant sache déjà lire ?

Je doute qu'il arrive à l'heure.

Il faut absolument que vous lisiez ce livre.

Il vaut mieux que tu lui dises tout.

Il est important qu'ils fassent ce travail très vite.

3) 양보, 가정

Nous préférons rentrer à pied, bien qu'il fasse un peu froid.

Qu'il soit là ou non, la séance aura lieu.

Soit un carré...

4) 감정

Elle s'étonne qu'il ne soit pas là.

Je suis heureuse que vous veniez avec nous.

5) 명령, 기원

Qu'il entre !

Vive les Bleus !

Ainsi soit-il !

6) 접속법을 쓰는 기타 표현들

Je vous prête mes clés **pour que** vous puissiez rentrer.

J'attendrai **jusqu'à ce qu'**il réponde.

Mangeons **en attendant que** le film commence.

Parle-lui **avant qu**'il ne soit trop tard.

Je me suis servi de sa voiture **sans qu'**il s'en aperçoive.

Tu peux sortir **à condition que** tu rentres avant dix heures.

[연습문제 1] 괄호 안의 동사를 알맞은 형태로 바꾸어 빈칸을 채우시오.

1. Il faut que vous __________________ le français. (apprendre)
2. Je voudrais que ma chambre __________________ plus grande. (être)
3. Je ne crois pas que Marcel __________________ nager. (pouvoir)
4. Il n'étudie pas beaucoup, bien qu'il ________________________ à la bibliothèque tous les jours. (aller)
5. J'espère que vous __________________ bien. (se sentir)

[연습문제 2] 주어진 표현들을 사용하여 문장을 완성하시오.

avant que, jusqu'à ce que, pour que, quoique

1. Viens demain __________________ nous discutions.
2. Attendez __________________ j'arrive.

3. Il faut rentrer ______________ il ne pleuve.

4. ______________ il soit petit, il est fort.

[연습문제 3] 보기와 같이 접속법 구문을 만드시오.

> 보기) Marie vient le voir. (Il désire)
> → Il désire que Marie vienne le voir.

1. Vous partez tout de suite. (Il vaut mieux)
2. Nous sommes tous réunis. (Je suis contente)
3. Il fait froid dehors. (Tu crois ?)
4. Patrick a la grippe. (Je crains)
5. Ils achètent un ordinateur. (Il est nécessaire)

ACTIVITÉS

1. 본문을 읽고 질문에 답하시오.

1) Quelle est la durée du mandat du Président de la République française ?

2) Quelles sont les conditions pour être élu Président dès le premier tour ?

3) Quelle administration est chargée de veiller au bon déroulement des élections présidentielles françaises ?

4) Pourquoi le débat télévisé du second tour est-il appelé « le duel »?

2. 프랑스어로 옮기시오.

1) 나는 당신이 떠나서 슬픕니다.

2) 네가 시험에 합격하도록 공부를 도울게. (pour que)

3) 오후 6시 전에 투표를 마쳐야 한다. (Il faut que)

4) 그가 정말 총명한지 의심스럽다.

3. Décrivez le mode de scrutin de votre pays.

Leçon 10

Récit et histoire

La déchéance du père Goriot

Vers la fin de la troisième année, le père Goriot réduisit encore ses dépenses, en montant au troisième étage et en se mettant à quarante-cinq francs de pension par mois. Il se passa de tabac, congédia son perruquier et ne mit plus de poudre. Quand le père Goriot parut pour la première fois sans être poudré, son hôtesse laissa échapper une exclamation de surprise en apercevant la couleur de ses cheveux, ils étaient d'un gris sale et verdâtre. Sa physionomie, que des chagrins secrets avaient insensiblement rendue plus triste de jour en jour, semblait la plus désolée de toutes celles qui garnissaient la table. [...] Ses diamants, sa tabatière d'or, sa chaîne, ses bijoux disparurent un à un. Il avait quitté l'habit bleu-barbeau, tout son costume cossu, pour porter été comme hiver, une redingote de drap marron grossier, un gilet en poil de chèvre et un pantalon gris en cuir de laine.

Il devint progressivement maigre ; ses mollets tombèrent ; sa figure, bouffie par le contentement d'un bonheur bourgeois, se rida démesurément ; son front se plissa, sa mâchoire se dessina. Durant la quatrième année de son établissement rue Neuve-Sainte-Geneviève, il ne se ressemblait plus.

(Honoré de Balzac, *Le Père Goriot*)

La Révolution de 1789

La crise de la monarchie

Pendant le règne de Louis XVI, le déficit chronique du budget de l'État fut aggravé par le coût de l'intervention dans la guerre d'indépendance américaine. Tous les projets réformateurs en matière d'impôts se heurtèrent à l'opposition des privilégiés, résultant dans le renvoi du ministre. Cet égoïsme des privilégiés était d'autant plus pernicieux que le pays était secoué par une crise économique. La récolte de 1788 fut mauvaise. Le chômage industriel suscitait des troubles dans les villes. Pour résoudre la crise financière et trouver de nouvelles sources d'impôts, le roi convoqua les États généraux en mai 1789. Ils n'avaient pas été réunis depuis 1614. Le 17 juin 1789, le Tiers État, se disant les « 96/100 » de la nation, se proclama Assemblée nationale. Ainsi commença la Révolution.

Les Parisiens aux armes !

Le 14 juillet, le peuple pilla l'hôtel des Invalides, s'empara de 30 000 fusils et de 12 canons. Il marcha ensuite sur la Bastille dans l'espoir d'y trouver des munitions. Cette forteresse, élevée par Charles VI pour défendre Paris du côté de l'est, servait de prison d'État depuis le

XVIIe siècle. C'était une lourde bâtisse encadrée de huit grosses tours hautes de 25 mètres.

A 13 h 30, une marée humaine composée de salariés et de boutiquiers du faubourg Saint-Antoine pénétra dans la première cour de la forteresse. Les défenseurs tirèrent sur le peuple. La fusillade devint générale.

A 17 heures, après avoir menacé de faire sauter la réserve de poudre, le gouverneur de Launay capitula ; il fut bientôt massacré et sa tête promenée au bout d'une pique.

La cocarde tricolore

Le 16 juillet, Louis XVI rappela Necker. Le 17, le roi se rendit à Paris où La Fayette (héros de l'indépendance américaine) avait été nommé commandant de la Garde nationale. A l'Hôtel de Ville, il reçut des mains de Bailly (député du Tiers État), maire de Paris, la cocarde tricolore qui unissait au blanc de la monarchie le bleu et le rouge de la ville de Paris. Louis XVI apparut aux fenêtres de l'Hôtel de Ville, la cocarde accrochée à son chapeau, il fut salué aux cris de « Vive le Roi ! Vive la Nation ! »

Le 14 juillet, une simple émeute parisienne, marqua l'entrée des foules urbaines dans le développement de la Révolution. L'exemple de Paris fut suivi en province : des municipalités élues prirent le pouvoir dans les villes.

La Bastille, symbole de la monarchie absolue, tomba ; c'était la remise en cause, par le peuple, de l'arbitraire royal. La Révolution, déclenchée par les bourgeois de manière pacifique et juridique, devint armée, violente, populaire.

GRAMMAIRE ET EXPRESSIONS

● 단순과거

	-er 형	-ir 형	
	laver	finir	dormir
je (j')	lav**ai**	fin**is**	dorm**is**
tu	lav**as**	fin**is**	dorm**is**
il	lav**a**	fin**it**	dorm**it**
nous	lav**âmes**	fin**îmes**	dorm**îmes**
vous	lav**âtes**	fin**îtes**	dorm**îtes**
ils	lav**èrent**	fin**irent**	dorm**irent**

	불규칙							
	être	avoir	prendre	mettre	faire	vouloir	savoir	venir
je (j')	fus	eus	pris	mis	fis	voulus	sus	vins
tu	fus	eus	pris	mis	fis	voulus	sus	vins
il	fut	eut	prit	mit	fit	voulut	sut	vint
nous	fûmes	eûmes	prîmes	mîmes	fîmes	voulûmes	sûmes	vînmes
vous	fûtes	eûtes	prîtes	mîtes	fîtes	voulûtes	sûtes	vîntes
ils	furent	eurent	prirent	mirent	firent	voulurent	surent	vinrent

Son voyage à la Vaubyessard avait fait un trou dans sa vie, à la manière de ces grandes crevasses qu'un orage, en une seule nuit, creuse quelquefois dans les montagnes. Elle se résigna pourtant ; elle serra pieusement dans la commode sa belle toilette et jusqu'à ses souliers de satin, dont la semelle s'était jaunie à la cire glissante du parquet. Son cœur était comme eux : au frottement de la richesse, il s'était placé dessus quelque chose qui ne s'effacerait pas. (Gustave Flaubert, *Madame Bovary*)

Il y a aujourd'hui trois cent quarante-huit ans six mois et dix-neuf jours que les Parisiens s'éveillèrent au bruit de toutes les cloches sonnant à la grande volée dans la triple enceinte de la Cité, de l'Université et de la Ville. (Victor Hugo, *Notre-Dame de Paris*)

[연습문제 1] 괄호 안의 동사를 단순과거 형태로 바꾸어 빈칸을 채우시오.

1. Nous ________ au restaurant pendant que Marie gardait les enfants. (aller)
2. Je ___________ mouillé, car il pleuvait. (être)
3. Le téléphone ___________ et me ____________. (sonner, réveiller)
4. Il ___________ ce travail seul alors que ses collègues étaient rentrés chez eux. (faire)
5. Comme il était intelligent, il ______________ un bon élève. (devenir)

[연습문제 2] 다음 빈칸에 알맞은 동사를 보기에서 골라 단순과거로 변화시키시오.

> 보기) recevoir, perdre, naître, mourir, fonder, faire, élever, donner, devenir, consacrer, attraper, écrire

Albert Camus ____________ en Algérie en 1913. Il ____________ son père pendant la première guerre mondiale et sa mère l'___________ dans un quartier populaire d'Alger. Il ___________ son diplôme d'études supérieures en 1936. Malheureusement, il ___________ ensuite la tuberculose. Une fois guéri, il ___________ une troupe de théâtre. Il ___________ ensuite journaliste à Alger, puis à Paris. Il ___________ partie de la résistance sous l'occupation allemande. Après la guerre, il se ____________ à sa carrière d'écrivain. Camus ____________ "L'Étranger" en 1942 et "La Peste" en 1947. On lui _____________ le Prix Nobel de littérature en 1957. Il ___________ en 1960 dans un accident de voiture.

ACTIVITÉS

1. 본문을 읽고 다음 질문에 답하시오.

1) Résumez la métamorphose du père Goriot en une phrase.
2) Décrivez le père Goriot avant sa déchéance.
3) Quel événement a déclenché la Révolution française ?
4) Énumérez quelques grandes personnalités de l'époque révolutionnaire.

2. 단순과거를 사용하여 프랑스어로 옮기시오.

1) 우리는 늦게 도착해서 3시 기차를 탈 수 없었다.
2) 내가 유럽에 있는 동안 그는 미국에 갔다.
3) 그녀는 일어나서 옷을 입고 아침 식사를 했다.
4) 날씨가 더웠기 때문에 우리는 목이 말랐다.

3. 다음을 단순과거는 복합과거로, 복합과거는 단순과거로 바꾸어 쓰시오.

1) Napoléon Bonaparte naquit en Corse en 1769. Il commença sa carrière comme capitaine puis devint général. Il participa à un coup d'État qui lui permit de devenir Premier consul. Plus tard, il fut couronné Empereur des Français. Il essaya de conquérir l'Europe, mais il perdit la guerre en 1814 et les ennemis envahirent la France. Le Sénat obligea Napoléon à abdiquer et il partit à l'île d'Elbe. Quelques mois plus tard, il revint en France. Il fut vaincu à Waterloo en 1815 et les Anglais l'exilèrent à Sainte-Hélène où il mourut en 1821.

2) Héroïne nationale de la France, Jeanne d'Arc est née en 1412 à Domrémy, en Lorraine. Elle a cru entendre des voix qui lui ont ordonné de délivrer la France de l'invasion anglaise. À la tête de l'armée française, elle a battu les Anglais à Orléans. Puis elle a fait couronner Charles VII roi de France. Mais elle a été trahie et vendue aux Anglais qui l'ont brûlée vive à Rouen. Après sa mort, les Français ont chassé les Anglais de France.

LE FRANÇAIS
intermédiaire

2부

Leçon 1

L'amitié

Il est dit que l'homme ne vit pas seulement de pain[1]. Il vit également, entre autres, d'amitié. Mais qu'est-ce que l'amitié exactement[2] ? On la détermine en général par rapport soit[3] à l'amour-passion[4] soit à l'amour familial. Il s'agit d'une relation entre des personnes qui ne se base ni sur des sentiments amoureux, ni sur les liens du sang[5].

La relation amicale ne se réduit pas qu'aux sentiments que l'on éprouve. Son évolution[6] dépend des époques et des sociétés[7].

---

1 L'homme ne vit pas que de pain, dit-on.
〈(ne) 동사 ... que〉 구문과 〈(ne) 동사 pas ... que〉 구문은 구별해야 한다 : Elle ne prend (jamais) un hamburger qu'avec un verre de vin rouge.

2 Mais l'amitié qu'est-ce que c'est au juste ?

3 〈soit A, soit B〉는 어느 하나를 선택할 때 사용하는 용법이다 : Soit lui soit un autre viendra.

4 amour-passion은 정염(情炎)으로서의 사랑, 즉 이성 간의 사랑을 가리킨다. 프랑스어에서는 영어와 달리 꾸밈을 받는 말이 먼저 오고 꾸미는 말이 뒤따른다 : ange gardien (cf. *guardian angel*)

5 〈ni A ni B〉 : A도 B도 아니다. pas로 부정되고 난 후 ni가 한 번만 등장하는 경우가 더 흔하다 : Anne ne sort **pas** avec Julien, **ni** avec Laurent **(non plus)**.
〈ni A ni B〉를 프랑스 어린이가 습득하는 과정을 우리말의 경우에 빗대어 상상해 볼 수 있다.

- 1단계(두 살) : 나 유치원 안 가. 나 할머니 댁 안 가.
  Je ne vais pas à la maternelle. Je ne vais pas chez mamie.
- 2단계(세 살) : 나 유치원 안 가. 나 할머니 댁**도** 안 가.
  Je ne vais pas à la maternelle. Je ne vais pas chez mamie ***non plus.***
- 3단계(여섯 살) : 나 유치원 안 가. 할머니 댁도.
  Je ne vais pas à la maternelle, ***ni*** chez mamie (***non plus***).
- 4단계(열 살) : 나 유치원도, 할머니 댁도 안 가.
  Je ne vais ***ni*** à la maternelle, ***ni*** chez mamie.

위의 3단계에 처음 등장하는 ni는 반복되는 나머지 부분(je ne vais pas)을 대리하는 기능을 하며, 아예 pas 없이 말하는 최종 단계인 〈ni A ni B〉는 반복되는 부정어(否定語) 요소를 문장 시작 전부터 미리 의식하고 있을 때에만 가능한 단계임을 알 수 있다.

6 évolution은 '진화하다'보다는 '달라지다, 다르다(changer)'의 의미로 이해하는 것이 자연스럽다 : Les mœurs évoluent selon les pays. 풍속은 나라마다 다르다.

Au cours de l'Histoire, l'amitié a d'abord été liée aux hommes[8]. À l'époque antique[9], on la considérait moins comme un sentiment de tendresse[10], d'affection, de gentillesse, que comme de morale et de spiritualité[11]. Pour les Grecs et les Romains, le fait d'être amis était caractérisé par un partage de valeurs similaires et de bonnes actions en commun[12]. Il en allait également, selon un philosophe latin[13], de la générosité et du désintéressement : « *Aimer, c'est donner gratuitement son cœur à quelqu'un non parce qu'on est dans le besoin ou qu'on en espère un profit*[14]. »

Les historiens relèvent que les femmes n'avaient pas accès à l'amitié[15] parce qu'on les jugeait, à l'époque, inférieures, incapables[16] de ressentir un sentiment de noblesse comme celle-ci. Ce n'est que plusieurs siècles plus tard[17], à partir du XVIIIe siècle, que leur capacité à ressentir de l'amitié[18] a été reconnue. Ce sentiment sera finalement mis à l'affiche notamment dans les salons littéraires. L'une des grandes conquêtes du féminisme, mouvement né dans les années

7 Elle évolue suivant les époques et les sociétés.
8 l'amitié a d'abord été une affaire d'hommes
9 Dans l'Antiquité
10 un sentiment se rapportant à la tendresse
11 elle n'était pas considérée comme un sentiment de tendresse, d'affection, de gentillesse, elle relevait plutôt de la morale et de la spiritualité
12 Être amis au temps des Grecs et des Romains signifiait partager les mêmes valeurs, faire le bien ensemble.
13 comme l'a dit un philosophe latin
14 로마의 정치가이며 철학자인 키케로(Cicéron)의 말이다. 이 문장을 다음과 같이 바꿔 표현할 수 있다 : « L'acte d'aimer consiste en l'action d'offrir son cœur à une personne sans en espérer en retour ni besoin, ni profit. »
15 L'amitié n'était pas accessible aux femmes
16 〈capable de + inf.〉는 〈susceptible de + inf.〉와 의미는 유사하지만, 그 실현 가능성이 조금 더 높다.
17 Il faudra attendre plusieurs siècles
18 프랑스어의 부정관사류 중 un(e)을 제외하고 des/du/de la는 특별한 의미가 없다.

60, sera justement l'amitié entre femmes[19].

De nos jours, le sentiment a considérablement évolué et l'amitié a tendance à occuper une place de plus en plus importante au sein des relations. Les récents sondages tendent à montrer qu'en cette période de trouble[20], l'amitié constitue un recours, une valeur sûre. Pour quelle raison ? Regarder autour de soi est suffisant[21] pour constater un certain[22] échec du sentiment amoureux : le nombre de problèmes conjugaux, de séparations et de divorces s'accroissent[23]. Il est bien connu que « l'amour-toujours[24] » se fait de plus en plus rare et demande de l'exigence. Au contraire, la solidité qui peut durer caractérise l'amitié, sentiment auquel on demande de ne pas être éphémère, comme c'est souvent le cas d'une passion[25].

Cependant l'amitié implique aussi l'exigence, celle de faire preuve de générosité, de partage, de tolérance. D'ailleurs, un ami signifie quelque chose de différent d'un camarade, d'un copain[26]. Il y a

---

19 Le mouvement féministe, né dans les années 60, fera de l'amitié entre femmes une de ses grandes conquêtes.

20 dans la période troublée que nous traversons

21 Il suffit de regarder autour de soi pour...
동사 suffir는 일반적으로 직접목적보어(C.O.D)를 갖지 않아서 쉽게 비인칭 il이 주어로 온다. 이때 다른 비인칭 구문들과는 달리, 내용상 주어가 후치될 때 전치사 de에 의해 매개된다 : Un petit sourire suffit. → Il suffit **d**'un petit sourire.

22 명사 앞의 certain은 '확실한, 틀림없는'보다는 '일정한(어느 정도는 그러한)'의 의미로 읽힌다.

23 〈le nombre de + 복수명사〉의 동사는 단수, 복수 모두 가능하다. 같은 의미로 쓰이는 〈beaucoup de + 명사〉의 경우에는 명사의 성수에 일치시킨다. 명사가 생략된 경우는 복수로 쓴다 : Beaucoup de femmes sont venues. / Beaucoup sont venus. / Beaucoup de monde a assisté à cette rencontre.

24 부사 toujours를 명사 뒤에 놓아서 형용사처럼 쓰고자 했다. 다음 예문과 비교해 볼 수 있다 : Toujours l'amour ! 아직도 사랑 타령이야!

25 comme peut l'être une passion

26 quelque chose, rien, quelqu'un 등의 부정(不定)대명사는 형용사로 수식할 때 〈de + 형용사〉 형태를 취한다 : Savez-vous quelque chose de nouveau ? / Je n'ai rien ajouté d'autre. / si tu trouves quelqu'un de sûr...

quelque chose de plus profond.

S'ouvrir aux autres

Une question subsiste : comment peut-on se faire des amis[27] ? Lorsqu'on a quinze ou seize ans, on est persuadé que c'est simple. En même temps, beaucoup d'adolescents admettent de ne pas avoir de véritable ami[28]. En réalité, il faut accepter de s'ouvrir aux autres[29]. En résumé, il faut oser éprouver un sentiment d'amitié, courir des risques, sortir de sa coquille, et faire le premier pas. Si on ne s'ouvre pas à l'autre, si[30] l'on se montre incapable d'être favorable à une proposition venant de l'autre, on est figé dans une attente infructueuse.

Expérimenter l'amitié[31] dépend en fin de compte d'un choix personnel : elle ne nous tombe pas toute faite entre les mains, elle demande à ce que nous la construisions[32]. Dans nos sociétés, l'argent ou le pouvoir permettent certainement d'obtenir les relations

27 faire des amis à son petit fils는 '(어린) 아들에게 친구를 만들어 주다'라는 의미이다. 본문의 se faire des amis는 à son petit fils 대신에 se를 사용한 것으로, '스스로에게 친구를 만들어 주다', 즉 '친구를 사귀다'라는 의미이다. 이제 왜 faire des amis라고 하지 않는지 이해할 수 있을 것이다. 이와 같은 표현은 프랑스어에서는 자주 쓰이는데 이를 대명동사라고 한다 : Je **me** lave les mains.

28 ne pas avoir de véritable ami에서 de는 부정관사 un이 부정문 뒤에서 de로 바뀐 것이다. ne pas avoir un vrai ami라는 표현도 가능한데, 이때에는 '진정한 친구가 한 명도 없다'라는 의미이다.

29 Aller vers les autres : 동사 aller나 venir 다음에 '누구누구에게 가다/오다'의 뜻으로 à qqn.을 쓰지 않고 vers qqn.을 쓴다는 것에 주의한다. à qqn.은 일반적으로 여격(與格, le datif)의 의미를 갖는 간접목적보어(C.O.I)이기 때문에 장소 상황보어와 함께 쓰이는 동사 aller나 venir에는 어울리지 않는다.

30 부사절을 이끄는 두 번째의 접속사 si는 일반적으로 que로 대체되지만 여기서는 강조하기 위해 오히려 반복하고 있다. 접속사를 반복하지 않으면 곧바로 주절로 간주된다.

31 vivre l'amitié : 우정을 경험하다. 프랑스어에서는 문장 속에서 동사 원형이 명사처럼 기능한다 : Voir, c'est croire (*To see is to believe / Seeing is believing*).

32 〈demander à ce que Sujet. + subj.〉 구문 : J'ai demandé à ce que cela soit vite fait.

sexuelles et le plaisir, mais pas l'amitié. C'est pourquoi elle est si chère[33]. Elle donne un sens à notre vie, génère une morale entre les êtres humains.

33 C'est ce qui fait tout son prix.

QUELQUES EXERCICES

1. 중성대명사 'le'를 사용하여 다시 말해 보시오.

보기) Mon oncle a été danseur ; je voudrais être danseuse aussi.
→ Mon oncle a été danseur ; je voudrais l'être aussi.

1) Vous avez dit "misérable" ? Elles ont beau être misérables, mais elles ont l'air vraiment heureuses.

2) Xavier était pour ce projet ? Ça alors ! Je croyais qu'il n'était pas pour.

3) Tu peux aider Julien à déménager samedi ? Il nous a demandé de l'aider.

4) Je devrais arrêter de fumer ; tout le monde m'a conseillé d'arrêter de fumer.

5) D'accord ! En tout cas, si je suis folle, je suis moins folle que tous ces gens qui crient "Aux armes !".

2. 동사를 접속법으로 활용하면서, 주어진 표현들을 순서대로 사용하여 다음을 프랑스어로 옮기시오.

보기) 그녀들이 오면 어쩌나 걱정된다. (avoir peur / venir)
→ J'ai peur qu'elles (ne) viennent.

1) 난 사람들이 시간을 안 지키는 게 짜증난다. (Ça / énerver / gens / à l'heure)

2) 이제 우리 어른들이 나서서 낡은 원칙들을 재검토해야 할 때입니다.
(temps / que / nous / adultes / prendre / nos responsabilités / revenir / vieux)

3) 아이가 발을 좌석에 올려놓는데 엄마가 아무 말 안 하고 있어도 된다는 겁니까?
(trouver / ça / normal / une mère / dire / son enfant / qui / les pieds / sièges)

4) 그들은 대화 소리가 들릴까 봐 문을 닫았다.
(porte / crainte / on / conversation)

5) F : 마르탱(Martin) 생일에 뭘 사주지? 롤러 스케이트?
(on / offrir / pour / rollers)

H : 좋은 생각이 아닌 것 같은데. (ne pas croire / une / idée)

또, 탈 줄 아는지도 잘 모르겠고. (plus / je / sûr / il / en faire)

F : 그럼, 비디오 게임? (un)

H : 흥미 없어 할걸. (ne pas penser / ça / intéresser)

곧바로 팔아 버릴지도 몰라. (être possible / il / revendre / de suite)

3. 뜻이 통하도록 올바른 순서로 말해 보시오.

1) La Joconde est un tableau si (tous / le / veulent / les / que / touristes / célèbre) voir.

2) Vous (qui / adresser / pouvez / à / vous / l'employé) est au dernier guichet.

3) Il ne (à / une / attendait / recevoir / s' / pas) réponse aussi rapide.

4) Vous feriez (porter / pas / vos / mieux / ne / de) lentilles plus de dix heures par jour.

5) Votre contrat (que / totalement / soyez / demande / vous) disponible pendant la durée du tournage du film.

LECTURES COMPLÉMENTAIRES

« Ce qu'il y a de meilleur au monde, c'est l'amitié. » (La Bruyère)

« Si on me presse de dire pourquoi je l'aimais, je sens que cela ne se peut exprimer qu'en répondant : parce que c'était lui ; parce que c'était moi. » (Montaigne)

« Il y a un goût dans la pure amitié où ne peuvent atteindre ceux qui sont nés médiocres. » (La Bruyère)

« Je me nourris de la qualité des camarades... Mon amour du groupe n'a pas besoin de s'énoncer... Il est ma substance même. » (Saint-Exupéry)

« Chacun se dit ami ; mais fou qui s'y repose :

Rien n'est plus commun que ce nom

Rien n'est plus rare que la chose. » (La Fontaine)

« Il est sage de verser, sur le rouage de l'amitié, l'huile de la politesse délicate. » (Colette)

« C'est l'insuffisance de notre être qui fait naître l'amitié, et c'est l'insuffisance de l'amitié même qui la fait périr. » (Vauvenargues)

Leçon 2

Le cadeau

Un Noël, un anniversaire ou un mariage ne peuvent être conçus sans cadeaux[1]... Le cadeau s'impose tout au long de notre vie. Il s'accompagne désormais d'une activité économique : ce qui était le plaisir d'offrir est devenu une obligation d'offrir. Que peut-il bien se cacher[2] derrière le geste généreux[3] ? Partagés entre le plaisir et la culpabilité, les symboles et l'hypocrisie, les cadeaux offerts en totale gratuité n'existent pas[4].

Cet obscur objet du plaisir[5]

Faire un cadeau, c'est faire un don. C'est le symbole d'un échange,

1 이 문장을 동사 없이 다음과 같이 간단하게 표현할 수도 있다 : Pas de Noël sans cadeaux. Ni d'anniversaire et de mariage... 〈pas de A sans B〉는 어느 정도 굳어진 숙어적 표현으로 Pas de fumée sans feu가 널리 알려져 있다.

2 Que se cache-t-il ? = Il se cache quoi ? = Qu'est-ce qu'il se cache ?
동사 cacher의 대명동사 형태인 se cacher가 수동의 의미로 쓰이고 있다. 내용상 주어가 되어야 할 que 대신에 비인칭 il이 동사의 주어로 오고 que 혹은 quoi는 마치 목적어인 양 동사 뒤에 배치되어 있는 것이 흥미롭다. 이른바 '비인칭 구문'인 〈비인칭 il + 자동사 + 명사구〉의 형태인데, 몇몇 자동사 구문(수동태 및 수동의 대명동사 포함)은 비인칭 구문으로 전환할 수 있다.
- Trente minutes vous restent. → Il vous reste trente minutes.
- Des choses inconnues se placent là-dessus. → Il se place là-dessus des choses inconnues.
- Un lourd silence règne. → Il règne un lourd silence.
- Des millions de CD sont vendus. → Il est vendu des millions de CD.

3 derrière la générosité du geste

4 il n'y a jamais de cadeaux gratuits

5 스페인의 영화감독 루이스 부뉴엘(Luis Buñuel)의 영화 *Cet obscur objet du désir* 에서 유래되어 굳어진 표현이다. 흔히 '욕망의 모호한 대상'으로 번역된다. 그러나 명사 objet를 '대상' 대신 '것'으로, 지시형용사 cet를 '저'라고 옮기고, 전치사 de를 동격을 나타내는 것으로 이해하면, '욕망이라는 저 알 수 없는 것'이라는 자연스러운 번역이 가능하다.

qu'il s'agisse d'objets, de sentiments. Il est certain que[6] le but est de faire plaisir[7]. « Y'a d'la joie »[8] dans le cadeau ! Il garantit l'amour, il est un langage qui comporte du sens[9]. Le plaisir immédiat que l'on peut en tirer prouve que l'autre existe pour nous. Le cadeau symbolise[10] celui qui l'offre. Il est l'expression de notre propre valeur. Mais, en vérité, que peut bien se cacher derrière la générosité, la spontanéité du geste ?

Dans son ouvrage, *L'Esprit du don*, Jacques Godbout note[11] une certaine hypocrisie. Une petite merveille[12] vous est offerte, et, avec politesse, vous gratifiez[13] le donateur d'un "Oh, il ne fallait pas !"[14]. Dans le cas où il vous répond que c'est trois fois rien[15], il faut comprendre qu'inconsciemment, il souhaite vous laisser libre d'évaluer[16] la qualité de ce qu'il vous incombe de lui rendre[17]...

---

6 Il va de soi que...

7 faire 동사는 무관사 명사와 함께 각종 숙어적 표현을 형성한다 : faire peur (à qn.) / faire partie de qch. / faire appel (à qn.) / faire mal (à qn.) / faire pitié.(참고로, 걸인이 말하는 Pitié !에서 생략된 명령법 동사는 faites가 아니라 ayez이다.) 이것들 중 몇몇은 무관사 명사가 명사로서의 성격이 약화되어 행위의 강도를 나타낼 때 부사 très와 함께 사용되기도 한다 : Cela nous ferait très plaisir. / Ça m'a fait très mal.

8 il y a에 élision을 가해 단축 표기할 때 y'a라고 일반적으로 표기한다. Y'a d'la joie는 작고한 프랑스의 '국민가수' 샤를 트르네(Charles Trenet)가 1936년 작사·작곡하고 불러서 유명해진 노래의 제목이다. 노래 가사에도 등장한 만큼, 악보에 따라 음절 수의 제한을 받고 있어서인지 [a] 모음 3개로 처리했다 [jadlaʒwa].

9 un langage porteur de sens

10 représente

11 relève

12 un petit cadeau merveilleux

13 〈gratifier qn. de qch.〉 ↔ 〈priver qn. de qch.〉

14 선물을 받을 때 하는 전형적인 말로, '이러실 필요 없었는데!'라는 의미이다. 이때 왜 동사 시제를 반과거로 썼을까? 다음의 문장에서 복합과거와 반과거를 비교해 보자.
- Il fallait leur en parler. 그들에게 얘기했어야 하는 건데.
- Il m'a fallu leur en parler. 그들에게 이야기할 수밖에 없었어.

15 S'il répond qu'il s'agit là de trois fois rien : trois fois rien은 rien을 강조하는 굳어진 표현이다(rien rien rien !).

Le cadeau s'investit parallèlement d'une dimension affective : il peut constituer un moyen de se faire pardonner[18] lorsqu'on se sent coupable. C'est de là que vient cette idée[19], embarrassante, que l'on peut « acheter » l'autre, simplement en lui offrant un cadeau. L'exemple de parents divorcés illustre bien l'idée : l'un comble[20] l'enfant de cadeaux pour compenser une absence qui le culpabilise[21].

Toutes les sociétés sont concernées par le cadeau, le don. Les modes de vie et les cultures influent sur sa valeur[22]. Les objets exercent sur nous une véritable fascination dans nos sociétés occidentales. « Le statut social d'un individu tient à la quantité de ses possessions : dis-moi ce que tu possèdes, je te dirai qui tu es », dit un chercheur au CNRS[23].

Message personnel

Certains cadeaux, comme ceux que l'on offre pour les naissances, les baptêmes, les anniversaires revêtent une signification assez particulière. Ceux que l'on offre pour les naissances agiront comme une preuve de votre existence. Vous[24] serez accepté comme l'un des

16 〈laisser qn. + 형용사〉는 '…를 …한 상태로 남겨두다'라는 뜻이다. 여기서는 형용사 자리에 〈libre de + inf.〉(…할 수 있다, …해도 되다)가 왔다.

17 ce que vous devez lui rendre

18 se faire pardonner의 se는 pardonner의 직접보어이다. se pardonner는 '자기를 용서하다'라는 의미이며 se faire pardonner는 '(누군가가) 자기를 용서하게끔 만들다', 즉 '용서받다'라는 의미이다.

19 D'où (vient) cette idée

20 만약 comblerait라고 조건법을 썼다면, 모든 이혼한 부모가 실제로 그렇다기보다는 그럴 개연성이 크다는 의미를 강조하는 효과가 있다.

21 pour effacer le sentiment de culpabilité lié à une absence

22 Sa valeur diffère selon les modes de vie et les cultures.

23 Centre National de la Recherche Scientifique : 프랑스 국립학술연구원

nôtres[25].

Le rôle de ces dons sera de vous introduire dans la société[26], et donc, de souligner votre appartenance à un groupe. Auparavant, les présents que l'on offrait aux jeunes enfants avaient pour origine, dit-on, les coutumes superstitieuses[27]. Certaines ont perduré : quand on perd sa première dent de lait, on glisse un cadeau sous l'oreiller[28]. Cela n'est-il pas touchant ?

Votre anniversaire également[29] suscite[30] de nombreux cadeaux. Il n'en a pas toujours été ainsi[31] : au début du[32] siècle, les campagnards souhaitaient rarement les anniversaires[33].

À l'occasion de votre première communion, vous recevrez une montre. La société considère ce présent comme un rite de passage[34] : il vous appartient, désormais, de gérer votre temps[35]. C'est à travers

24 선물을 받은 사람으로 '당신(vous)'이라는 용어를 사용함으로써 독자의 관심을 끌고 있다.

25 여기서 les nôtres는 '가족'이라는 의미의 일반 명사이다.

26 Ces dons auront pour rôle de vous introduire ... 여기에서 〈de + inf.〉가 동사 avoir의 직접보어로 올 수 있는 것은 pour rôle이 있기 때문이다. 이런 구문은 학술논문에서 많이 사용된다 : Cet article a pour but de donner une autre explication sur ...

27 relevaient de coutumes superstitieuses

28 이 문장에서 두 번 사용된 주어 on은 서로 다른 인물이다. 이것을 구별하기 위해 다음과 같이 말할 수 있는데, 두 번째 표현이 더 프랑스어답다 : On glisse un cadeau sous votre oreiller. / On vous glisse un cadeau sous l'oreiller.

29 lui aussi

30 est prétexte à

31 pas toujours는 이른바 '부분부정(늘 … 하는 것은 아니다)'의 의미이지만, toujours pas는 의미가 전혀 달라진다 : Tu n'es toujours pas parti ? 너 아직도 안 가고 있었니?

32 시간 관련 명사 앞에 정관사가 붙으면 '이' 혹은 '금(今)'의 뜻으로 이해한다 : livre de l'année 올해의 책 / plat du jour 오늘의 요리

33 souhaiter un bon anniversaire à qn. : 생일을 축하하다. 동사 souhaiter에는 '기원, 염원'의 의미가 들어 있으므로 보통 형용사 bon과 함께 쓰이고 bon 없이는 주로 〈fêter/célébrer l'anniversaire de qn.〉을 쓴다.

34 La société y voit la marque d'un rite de passage

35 à vous, désormais, de gérer votre temps. 이 문장에서 à qn.은 '…의 것, …에게 속하는 몫, …에게 주어진 일' 등으로 옮길 수 있다.

l'argent de poche que l'on testera la naissance de votre indépendance[36]. C'est votre premier scooter qui vous permettra de vous lancer sur la route de la vie !

Lorsque le moment sera venu de vous affirmer, c'est-à-dire de cesser de dépendre des autres[37], vous serez peut-être tenté de renoncer à certains cadeaux[38]. Parce que votre désir d'être autonome, libre, prendra le pas sur[39] votre désir[40] de recevoir. Si l'on réfléchit bien[41], vous aimer pour ce que vous êtes[42] sera le plus beau cadeau qu'on pourra vous faire[43] dans ce monde...

- C'est à vous le portable ? 이 핸드폰 당신 거예요?
- C'est pas à moi de téléphoner mais à lui / à elle ! 내가 왜 전화해? 걔가 해야지!

〈de + inf.〉 앞에는 que가 올 수도 있다 : C'est bien à nous tous (que) d'y répondre.

36 votre indépendance naissante

37 d'autrui

38 부사가 선행하면 주어와 동사가 도치된다 : peut-être serez-vous tenté de renoncer à ...

39 sera plus fort que

40 명사 désir가 반복되는 것이 일견 거슬리나, 소유형용사 votre가 있어서 대명사 celui로 대신하지 못했다. 아니라면 간단히 celui(=le désir) de recevoir로 대신했을 것이다. 즉 votre celui는 허용되지 않는다.

41 Tout bien réfléchi / Au bout du compte / Tout compte fait

42 pour ce que vous êtes와 비슷한 표현으로는 tel(le) que vous êtes, 혹은 더 간단히 comme vous êtes 등이 있다. 본문의 표현이 의미가 가장 또렷하다.

43 donner un cadeau와 offrir un cadeau도 가능하지만 주로 faire un cadeau로 표현한다. 특히 offrir un cadeau는 의미가 중복된다. 그러나 구체적인 명사가 오면 허용된다. 가령, '만년필을 선물하다'라는 의미로 offrir un stylo / faire cadeau d'un stylo / donner un stylo en cadeau와 같은 표현을 사용한다.

QUELQUES EXERCICES

1. 주어진 표현들을 순서대로 사용하면서, ce를 선행사로 하는 절을 만들어 프랑스어로 옮기시오.

1) 내 생각도 그래. (C'est / je / pense)

2) 그녀가 열광하는 건 지리학이야. (qui / passionne / c'est / géographie)

3) 당신이 사용하는 것은 새 소프트웨어군요. (dont / servez / c'est / logiciel)

4) 저로서는 부인의 견해에 전적으로 동의할 수는 없군요.
(En / qui / concerne / ne / suis / tout à fait / votre / avis / madame)

5) 그 사람들 말 믿지 마세요. 전부 쓸데없는 소리예요.
(Vous / allez / croire / : / tout / qu' / disent / vent)

6) 프랑스에서는 식탁에서 조심스럽게 몸을 돌려 코를 풀기도 하는데, 어떤 외국인들은 이에 기겁을 한다. (France / peut / moucher / en / détournant / discrètement / ce / horrifie / certains)

2. 주어진 동사를 문맥에 맞게 복합과거, 반과거 혹은 대과거로 활용하시오.

Ce ___________ (être) pendant un week-end du mois de mai. Nous _________ (décider) de passer deux jours à Paris où nous ___________ (encore jamais aller). Deux mois avant, nous ___________ (réserver) une chambre dans un hôtel du centre ville. Nous ___________ (arriver) le samedi matin à l'aéroport. Il ___________ (faire) beau et même un peu chaud. Un taxi nous ___________ (conduire) à notre hôtel. Une dame nous ___________ (accueillir), nous ___________ (montrer) notre chambre. Nous ___________ (défaire) nos bagages. Nous ___________ (être) fous de joie à la perspective de découvrir la Ville lumière ! Sans perdre de temps nous ___________ (sortir) à la découverte de la ville. Le week-end ___________ (s'annoncer) bien et pourtant la nuit ___________ (aller) être très particulière.

3. 적절한 관계대명사를 보충하여 문단을 완성하시오.

C'est un roman que tout le monde a lu et ___________ nous a fait rêver quand nous étions enfants. C'est l'histoire d'un homme ___________ le destin est semé d'aventures. Ce livre, au début ___________ le héros voyage dans des contrées exotiques, dépeint des paysages au milieu _________ vit une quantité d'animaux. _________ frappe le lecteur, c'est la magie des descriptions. La façon _________ lutte le héros nous donne des leçons de courage. C'est un personnage _________ nous avons tous voulu nous identifier.

4. 〈en + 동사의 현재분사〉인 제롱디프(gérondif) 형태를 사용하여 좌우의 문장들을 각각 연결하시오.

1) Elle s'est cassé un bras.	a) Pourtant j'économise autant que je peux.
2) Vous ne tousserez plus.	b) Elle était en train de faire la cuisine.
3) Elle s'est brûlée.	c) Elle s'habille pourtant pour pas cher.
4) Je n'arriverai pas à acheter cette maison.	d) Tu iras beaucoup plus vite.
5) Prends le métro.	e) Elle a glissé sur de la neige verglacée.
6) Elle est toujours élégante.	f) Si vous arrêtez de fumer.

LECTURES COMPLÉMENTAIRES

« Au moment de mourir, le plus beau cadeau d'adieu est la paix de l'esprit. » (Vaclav Havel)

« Cadeau bon marché : Conseil. » (Tristan Bernard)

« Ce que tu es est un cadeau de Dieu. Ce que tu deviens est ton cadeau à Dieu. » (Bouddha)

« C'est aussi une façon de posséder les autres que de leur faire des cadeaux. » (Michel Conte)

« Être père, c'est prétendre que le cadeau qu'on préfère c'est un cendrier en terre cuite. » (Paul Valéry)

« Hier est de l'histoire, demain est un mystère, aujourd'hui est un cadeau. » (Eleanor Roosevelt)

« Je crains mes ennemis surtout lorsqu'ils me font des cadeaux. » (Virgil (B.O.F.))

« La liberté, c'est un cadeau qu'on se fait à soi-même. » (Louis Gauthier)

« L'amour se passe de cadeaux, mais pas de présence. » (Félix Leclerc)

« Les cadeaux sont comme les conseils : ils font plaisir surtout à ceux qui les donnent. » (Edouard Herriot)

Leçon 3

La violence scolaire

La violence dans les écoles correspond-elle à une réalité ou n'est-ce qu'un thème en vogue[1] ? Si l'on en croit certains médias[2], de nos jours, les jeunes[3] sont plus violents que leurs parents, et les lycées français sont devenus de réelles jungles... On accuse tantôt[4] l'éducation, tantôt la télévision, tantôt les jeux vidéo[5], tantôt la société en général[6]... Mais qu'en pensent[7] véritablement les jeunes[8] ?

Julia, 15 ans, Nîmes

« Je crois que la violence physique entre les élèves reste quand même rare, même si on en parle beaucoup. En revanche, le « chacun pour soi »[9], les remarques racistes, sont des choses auxquelles on est confronté[10] tous les jours, et je crois que, nous, les jeunes, on doit

1 à la mode

2 Selon (= D'après) certains médias

3 les jeunes d'aujourd'hui

4 네 번 반복해서 사용된 tantôt 대신 tour à tour를 사용할 수 있다.

5 명사가 나열되어 하나의 명사를 이룰 때 수식하는 용어가 뒤에 위치한다 : J-O Londres (Jeux olympiques de Londres) (cf. *London Olympics*) 런던 올림픽 / mot-clé (cf. *keyword*) 핵심어

6 '전반적으로 바라본 사회', 즉 우리말에서 흔히 "사회 전반이 썩었어."라고 말할 때의 '사회 전반'을 의미한다. '일반적인 사회'는 société générale이다.

7 "Comment pensez-vous ?(당신은 어떻게 생각하세요?)"라고 물으면 상대는 "Bah... je pense avec ma tête, quoi !"라고 대답할지도 모른다.

8 강세형 인칭대명사를 사용하여 문두에 분리시키면 더 강한 의미를 드러낸다 : Mais les jeunes, eux, qu'en pensent-ils ?

9 '각자 알아서 살기'라는 뜻으로, 프랑스 사회에서는 하나의 굳어진 표현이다. 그 함의는 'winner-takes-it-all' 혹은 '공정한 경쟁'만을 중요시하는 게임 규칙과 유사하다.

faire très attention. La violence, les guerres, commencent par le non-respect des autres[11]. »

Élise, 15 ans, Grenoble

« À mon avis, il y a beaucoup d'exagération[12]. Il est certain qu'il y a beaucoup de choses qui ne vont pas bien en France[13], mais je n'ai pas l'impression[14] d'évoluer[15] dans un pays dangereux. Quand on réfléchit à tout ce qui se passe dans le monde[16]... C'est clair, même si les gens passent leur temps à dire que c'était mieux avant[17], j'ai quand même lu[18] que le nombre de crimes était trois fois plus élevé[19] en France en 1830 que maintenant[20]. Donc... »

---

10 des choses qu'on voit...

11 La violence, les guerres, commencent quand on ne respecte pas les autres. 여기서 respecter les autres의 의미는 사전적으로는 '남들을 존중'하는 것이지만 실제적으로는 '남(이 나와 다를 수 있음)을 인정'하는 것이다. 유치원에서부터 강조되는 프랑스의 시민성 교육은 그 전통이 매우 깊다. 중학생 정도로 보이는 Julia의 발언 내용은 프랑스 청소년들이 어릴 때부터 학교에서나 사회에서 듣고 자란 얘기들, 즉 사회의 공식적 주류 담론을 그대로 대변하는 것으로 들린다.

12 Je crois qu'on exagère beaucoup.

13 Bien sûr, tout ne va pas bien en France

14 '인상'보다는 '느낌' 또는 '…하는 것 같다' 정도에 해당한다.

15 de vivre

16 〈quand + 부사절〉(…할 때)만 있고 주절은 없는 문장이다. 이럴 경우 앞서 말한 문장을 주절로 이해한다. 만약에 말로 하지 않고 글로 썼다면 처음부터 '... dangereux (surtout) quand ...'이라고 연결했을 것이다.

17 c'était mieux avant. '이전이 더 좋았어'라고 프랑스어로 말하려고 할 때 곧바로 떠오르지 않는 문장이다. 우리말에서는 '이전'이 주어이지만 프랑스어에서는 avant은 명사가 아니어서 주어로 올 수 없기 때문이다. 그럴 때 주로 주어 기능을 담당하는 대명사가 ce/ça이다. 그래서 프랑스어 대화에서는 문장이 'c'est ...'로 시작되는 경우가 많다.

18 동사 lire의 직접보어(목적어)로 〈que + 절〉이 왔다. lire는 직접보어가 생략되는 경우가 많다 : Papa lisait dans le salon. 아빠는 거실에서 책 읽고 계셨다.

19 il y avait trois fois plus de crimes

20 qu'aujourd'hui

Jean-François, 15 ans, Lyon

« Il est vrai que la violence existe aussi dans les lycées. J'ai des copains qui se sont fait attaquer, on leur a piqué[21] leur sac et leur blouson. Certains problèmes de drogue existent également[22], mais c'est plutôt[23] à la sortie des lycées[24], dans la rue, pas dans l'établissement. »

Emmanuel, 17 ans, Nantes

« L'acte de violence représente aussi un moyen de protester, d'affirmer qu'on existe, qu'on[25] a le droit d'avoir un avenir[26]. Mais il est inutile de tout casser[27]. Je crois qu'il vaut mieux mettre la violence dans les mots[28], dans la musique. Pour ma part, je fais partie d'un groupe de rap : c'est de cette manière que je peux aller vers les autres[29], communiquer. »

21 volé

22 Il y a aussi certains problèmes de drogue

23 plutôt는 우리말로 옮기기가 까다로운 부사이다. '오히려'나 '차라리'로 옮기면 너무 과할 때가 많다. 옮기지 않는 것이 괜찮은 경우도 있다.

24 ça se passe plutôt à la sortie. se passer에는 일반적으로 '일어나다, 발생하다'라는 의미와 '진행되다'의 의미가 있는데 여기서는 전자의 의미이다. 후자의 경우는 다음 문장에서 볼 수 있다 : Ça s'est bien passé, ton entretien ?

25 여기에서 동사 affirmer의 직접보어절을 이끄는 접속사 que는 프랑스어에서는 절대로 생략되지 않는다.

26 〈avoir le droit de + inf.〉는 '…할 권리가 있다'라는 의미이다 : Mais on a le droit de donner son avis, non? 거의 같은 의미로 〈avoir droit à + 명사구〉를 사용할 수 있다. avoir droit à un avenir는 '…을 받을 권리[자격]가 있다'는 의미로, 여기에서는 '우리에게도 미래를 달라'고 말하는 셈이다.

27 ça ne sert à rien de tout casser

28 폭력은 말에 담는 게 좋다. 말의 리듬을 살리기 위해 *La violence*, il vaut mieux ***la*** mettre라고 말할 수 있다. '폭력, **그것을**…'이라고 옮기지 않도록 주의한다. 이처럼, 동사의 주어나 직접보어는 적절한 대명사로 대체하고, 실제 주어나 직접보어(혹은 간접보어)를 문장의 앞이나 뒤로 빼서 말하는 어법을 '탈구(脫臼, dislocation)'라고 부른다.

29 ça permet d'aller vers les autres

Nabil, 16 ans, Paris

« On va peut-être me traiter de « vieux »[30] si[31] je dis ça, mais je suis convaincu que la télévision et les médias sont en grande partie responsables[32]. Quand on voit toutes ces séries superviolentes, tous ces films de guerre... Après, c'est vrai que l'on s'habitue à la violence, c'est vrai que l'on n'y fait plus attention, et c'est ça qui est le plus[33] dangereux. »

* * *

Est-ce que la violence en milieu scolaire a augmenté lors de ces dernières années[34] ? Il n'est pas aussi facile de répondre à cette question avec certitude[35], mais en tous cas, les études concernant le sujet mettent en lumière une réelle conviction : les premiers concernés sont les collèges et les lycées professionnels[36], tandis que l'école primaire et les lycées généraux et technologiques le sont beaucoup[37] moins. Un second constat peut être avancé[38] : les

---

30 J'ai peut-être l'air « vieux » : 〈avoir l'air A〉는 'A로(A처럼) 보이다, A인 것 같다'라는 의미이다. A의 자리에는 형용사, 〈de + 명사구〉, 〈de + inf.〉, 〈que + 절〉 등이 올 수 있다. '걔네들 사귀는 것 같아'라는 문장은 다음과 같이 표현할 수 있다 : Ils ont l'air de sortir ensemble. / Ça a l'air qu'ils sortent ensemble.

31 quand

32 ont une grande responsabilité

33 le plus는 이어지는 형용사나 부사를 최상급으로 만들어 주는 부사이다. 때로는 〈de + 명사〉를 가져와서 '가장 많은 …(들)'의 의미를 만들고 때로는 그 자체로 동사의 분량을 한정하기도 한다 : Tu as le plus d'argent. 네가 돈이 가장 많아. / C'est moi qui avais le plus gagné. 내가 제일 많이 땄었지.

34 lors de ces dernières années에서 lors de를 생략해도 의미는 같다.

35 Ce ne serait pas si simple de donner une réponse certaine

36 les collèges et les lycées professionnels sont en première ligne. 프랑스에는 직업고, 기술(과학)고, 일반고, 이렇게 세 종류의 고등학교가 있다.

37 plus나 moins 앞에서 '훨씬'이라는 의미이다. encore로 대체할 수 있다.

violences dites « graves » (comme les vols, le racket, les agressions armées, les viols, les destructions de biens[39]), celles dont sont d'ailleurs friands les médias, restent rares. Les « incivilités », comme on les appelle de nos jours, (qui correspondent aux insultes et aux menaces) ainsi que les « violences physiques sans arme », soit l'insolence et les bagarres (comme on les aurait désignées[40] auparavant) correspondent aux actes de violence les plus fréquents. Un dernier constat souligne que les premières victimes de cette violence sont les jeunes eux-mêmes, bien davantage que[41] les adultes des établissements[42]. Certains sont victimes du « *schoolbullying* », comme le désigne les Anglo-Saxons. Il s'agit d'un harcèlement constitué de brutalités et d'insultes quotidiennes[43], d'une suite ininterrompue de « microviolences ».

38 Une seconde certitude peut également être formulée

39 destructions de biens : 재물 손괴(損壞). biens은 명사로, '재화(財貨)'라는 의미이다 : les biens et les services 재화와 용역

40 nommé

41 bien plus que에서 bien은 다른 말을 확인하거나 약간 강조하는 기능을 할 뿐이며 그 자체로는 특정한 의미를 갖지 않는다.

42 adultes des établissements : 교사, 교직원 등 학교의 성인들

43 un harcèlement fait de brutalités et d'insultes quotidiennes

QUELQUES EXERCICES

1. 주어진 표현들을 순서대로 사용하여, 주어진 문장을 중성대명사 y나 en을 포함하는 프랑스어로 옮기시오.

1) 그 반지는 그녀의 할머니한테서 받은 건데 그녀가 매우 소중히 여긴다.

(bague / lui / vient / et / tient / énormément)

2) "은행에 갔었니?" - "네, 갔다 오는 길이에요." (passé / viens)

3) 네 색연필들은 다 어디 갔니? 두 개밖에 안 보이네!

(passés / couleur / Je / plus / que)

4) 그들은 스코틀랜드에서 몇 년 산 적이 있어서 거길 잘 안다.

(bien l'Ecosse / parce / vécu / quelques)

5) 우리 삼촌은 우표를 근사하게 수집해 두셨는데 굉장히 뿌듯해하셔.

(Mon / remarquable collection / : / fier)

6) 이런 결과가 나와서 실망스러우신가 봐요. 저 또한 예상하지 못했어요.

(paraît que / résultat / déçoit. / m' / attendais / moi / plus)

7) 인터넷이 일상생활을 바꿔놓고 있고 다들 그 사실을 알고 있다.

(Internet / en train / transformer / quotidienne et / monde / s' / compte)

2. 주어진 단어를 조합하여 올바른 순서로 문장을 완성하시오.

1) Le chiffre d'affaire (celui / à / est / l'an / inférieur / de) dernier.

2) L'éducation a pour (l'épanouissement / de / but / personnalité / de / favoriser / la) de l'enfant

3) Le loyer mensuel négocié avec une agence est légèrement (que / est / plus / qui / élevé / celui) pratiqué dans les résidences universitaires.

4) Pour beaucoup, voyager (manière / au / de / se / est / ouvrir / une) monde et aux autres.

5) Libre dans son écriture, George Sand (sa / été / aussi / a / dans / le) vie, en particulier dans sa vie sentimentale, sans craindre le scandale.

6) Faire ou ne pas faire d'enfant est une question que les femmes (poser / légitimement / droit / de / le / ont / se).

7) (démocratiques / dans / des / plupart / pays / la), les lois permettent la manifestation, considérant comme un droit (se / fondamental / regrouper / liberté / de / la).

3. 보기에 주어진 전치사(구)를 사용하여 두 문장을 하나로 연결하시오.

보기) avant de – à condition de – de peur de – après – afin de

1) On enlève ses chaussures. On peut entrer dans une mosquée.

2) Il a fait la queue pendant deux heures. Il a obtenu des places au championnat de tennis de Roland-Garros.

3) On entre dans la piscine. On prend une douche.

4) Elle a passé son baccalauréat. Elle s'est inscrite à l'université.

5) Léa hésite toujours à me téléphoner. Elle a peur de me déranger.

LECTURES COMPLÉMENTAIRES

Les médias évoquent abondamment la violence scolaire[1], ce qui a permis de développer les travaux de recherche sur ce thème sur les plans européen et mondial[2].

En 1998, l'Observatoire Européen de la Violence en Milieu Scolaire a été créé. Il associe des recherches en Espagne, Allemagne, Suisse, Angleterre, Italie, Belgique. C'est aussi en 1998 que l'Assemblée générale des Nations unies annonçait que la première décennie du XXIe siècle (les années 2001 à 2010) serait la « Décennie internationale de la promotion d'une culture de la non-violence et de la paix au profit des enfants du monde ». La première conférence mondiale « Violence à l'école et politiques publiques » a eu lieu[3] en France en 2001. Elle a été abondamment médiatisée et politisée, et a, une fois pour toutes[4], installé cette thématique sur le territoire français[5].

La médiatisation des questions de la violence à l'école a provoqué beaucoup d'inquiétude chez les parents. De surcroît, elle est controversée par les partis politiques sur le plan de l'efficacité[6]. De fait, il est devenu nécessaire de[7] fournir des statistiques pour mesurer l'ampleur du phénomène...

1 La violence scolaire fait l'objet d'une forte médiatisation
2 à un niveau européen et mondial
3 s'est tenue
4 définitivement
5 en France
6 en termes d'efficacité
7 D'où la nécessité de...

Leçon 4

Mozart

Mozart doit-il être considéré comme le plus grand compositeur[1] *?*

Il était précoce, créatif, sensible... Beaucoup[2] *considèrent Wolfgang Amadeus comme le génie*[3] *des génies*[4]*. Quel mystère dissimule-t-il*[5] *? Peut-on réellement justifier un prestige de cette taille ? Écoutons quelques voix à ce propos.*

Pour moi, la grandeur, c'est Bach[6] **!**

Doit-on considérer Mozart comme le plus grand compositeur qui ait jamais[7] existé[8] ? Cela paraît excessif. S'il n'est pas question de contester la grandeur de Mozart, ce[9] n'est cependant pas forcément

1 〈considérer ... comme〉는 〈prendre ... pour〉로 바꾸어 쓸 수 있다.
2 Beaucoup는 beaucoup de gens 혹은 beaucoup de monde를 의미하는 대명사로 기능한다.
3 génie는, 특정한 은유로서 말하고 이해하는 예외적 경우를 제외하고는, '하늘이 내린 재능을 가진 사람'이 아니라 '하늘이 내린 재능'을 뜻한다. 전자의 의미를 나타내려면 homme/femme de génie라고 해야 한다.
4 Wolfgang Amadeus incarne le génie par excellence.
5 Quel est son mystère ? : 그는 어떤 비밀을 감추고 있는가? 만약 의문사 que를 써서 말한다면 Qu'est-ce qu'il dissimule, Mozart ?가 될 것이다.
6 "위대함 하면 바흐지." 주어로 쓰인 중성대명사 ce는 선행하는 명사를 그대로 받기보다는(만약 그대로 받았다면 "위대함은 바흐다"가 되었을 것이다) 그 명사를 둘러싼 발화 정황 전반을 가리키는 것으로 이해된다.
7 jamais가 긍정문에 쓰이면 부정의 뜻 대신에 '이제까지'라는 의미를 가진다.
8 de tous les temps
9 la grandeur

la principale qualité que l'on peut lui attribuer[10]. Pour nous, Mozart représente la grâce, le charme, la jeunesse — et même l'enfance — et la fraîcheur. Il appartient à cette catégorie de héros[11] qui sont tellement[12] jeunes qu'ils ne peuvent atteindre la vieillesse ou[13] la maturité[14]. Il fallait que Mozart meure avant ses 40 ans[15], tout comme Arthur Rimbaud et Gérard Philipe, plus tard. Sur un plan historique[16], il incarne un certain XVIIIe siècle, avec ses tricornes et ses perruques, qui est absolument opposé[17] aux lourdeurs que représente le siècle du Roi-Soleil. La grandeur en musique est incarnée par Jean-Sébastien Bach. Cioran disait que sa musique constituait l'unique preuve sérieuse que Dieu existe[18]. En témoigne l'histoire suivante : lorsque les anges musiciens jouent pour Dieu, c'est du[19] Jean-Sébastien Bach qu'ils jouent. Mais lorsqu'ils jouent de la musique entre eux[20], c'est du Mozart. Et Dieu vient écouter à travers la porte.

10 Non que la grandeur de Mozart puisse être contestée, mais ce n'est forcément pas la principale qualité... 여기에 쓰인 접속법은 현실이 아니거나 사실과 다르다는 취지에서의 접속법이다.

11 Il fait partie de ces héros. héros를 흔히 '영웅'으로 번역하는데, 일상적으로는 '주인공'의 의미가 먼저이다. 물론 여기에서는 '위인' 정도의 의미로 쓰였다.

12 si

13 ni

14 l'âge mûr

15 Mozart devait mourir avant 40 ans

16 Historiquement

17 tout opposé. 이 경우, 동사 opposer의 과거분사형 opposé는 un certain XVIIIe siècle에 대한 서술을 담당하고 있다. '…에 반대하다'의 의미를 가질 수 있는 영어의 *oppose*와는 달리, opposer는 철저히 'A를 B에게 맞세우다, 대립시키다'라는 뜻으로 쓰인다. 가령, '적에 맞서다, 그 계획에 반대하다'라고 말할 때 영어에서는 *oppose the enemy, oppose the plan*이라고 하지만 프랑스어에서는 s'opposer à l'ennemi, s'opposer au projet라고 표현한다.

18 la seule preuve sérieuse que nous ayons de l'existence de Dieu

19 jouer de la musique 음악을 연주하다 / jouer au tennis 테니스를 치다

20 전 문장의 pour Dieu와 대비되어, '자기들끼리' 연주한다는 의미이다.

Wolfgang et nous

Artur Schnabel était un pianiste admirable, un interprète passionné de musique dite[21] « classique ». C'était pourtant un compositeur atonal. Il fit un jour une confidence[22] au chef que fut Wilhelm Furtwängler : « Je compose tel que Mozart le faisait[23]. Même si je suis bien sûr moins talentueux ! Ce que je veux dire, c'est que[24] le processus de création s'effectue en moi d'une façon analogue à celle[25] dont il a dû[26] s'accomplir chez Mozart[27], c'est-à-dire spontanée, aisée, coulant de source, sans que la moindre lourdeur due à la recherche ou à la réflexion se fasse sentir. » Et pourtant jamais Schnabel n'interpréta lui-même ses propres œuvres dodécaphoniques en public, car il faisait une distinction entre la création et l'interprétation[28]. Au contraire de Mozart qui se plaça en interprète[29] par excellence de ses propres créations, en public, tout au long de sa vie[30].

21 〈명사 + dit(e) ...〉는 '이른바 …라는, 흔히 …라고 말해지는'의 의미로, 동사 dire의 과거분사 dit(e)의 한 용례이다.

22 confia

23 comme Mozart

24 프랑스어에서는 대명사(ce)를 반복하여 사용하는 것을 주저하지 않는다. 특히 이처럼 주어가 길 경우, ce que je veux dire est ...라고는 거의 말하거나 쓰지 않는다.

25 celle = la façon. 대명사는 반복하는 데 반해, 명사의 반복은 가능하면 피한다.

26 동사 devoir가 강한 추측의 의미로 쓰였다.
- Elle doit être folle de joie ! 그녀는 좋아서 폴짝 뛰겠군!

그런 의미의 devoir를 과거시제로 쓸 때 흔히 복합과거로 구사하여, 예정을 나타내는 경우와 변별한다.
- Elle devait partir hier. 그녀는 (원래) 어제 떠나기로 되어 있었다.
- Elle a dû partir hier. 그녀는 어제 떠났을 거야. (혹은 문맥에 따라서) 그녀는 어제 떠날 수밖에 없었다.

27 En fait, le processus de création qui se fait en moi est probablement similaire à celui de Mozart

28 car il distinguait le créateur de l'interprète

29 Ce comédien a eu (a obtenu / a décroché) le prix de la meilleure interprétation masculine. 이 배우는 최우수 남우(주연)상을 받았다.

30 toute sa vie durant. 일반적으로 durant은 명사 앞에 놓이지만, 이와 같이 뒤에 놓여 '… 동안 내내'의 의미를 가진다.

Le caractère universel de cette musique, qui a le pouvoir de réunir des personnes venues de tous horizons, touchées par la grâce de ce qu'ils entendent tient au véritable miracle mozartien[31]. Ce n'est que par le lien créé avec l'auditoire le plus large et partageant soudainement des émotions et des sentiments communs, que l'œuvre d'art[32] — qu'elle soit musicale ou picturale — devient chef-d'œuvre. Les différences sont dès lors effacées, le temps s'en trouve aboli et l'œuvre d'art s'impose à l'humanité. Tandis que Bach a parfois pu être qualifié de « saint » trônant sur les nuages, Mozart, quant à lui, est avant tout un homme : s'il n'a rien bouleversé, s'il n'a rien découvert[33], sa musique, de manière unique et au-delà de toutes les autres[34], se fait cependant l'expression de nos faiblesses et de nos passions[35]. Elle est en même temps apollinienne et dionysiaque. Une cosmogonie[36] mêlant l'insouciance et la gravité, le tragique et le bouffon, la vie et la mort, est dès lors formée. Bien que la musique de Mozart touche moins directement au cœur que celle de Beethoven, dont les notes sont dépouillées[37], elle exerce tout autant[38]

31 Le véritable miracle mozartien réside dans l'universalité de cette musique qui peut rassembler des personnes de tous horizons, touchées par la grâce de ce qu'ils entendent.

32 별다른 수식이 없을 경우 art(s)/artiste는 '예술(가)'보다는 '미술(가)'을 가리키는 것이 일반적이다.

33 alors qu'il n'a rien bouleversé ni découvert

34 plus que toutes les autres

35 exprime nos faiblesses et nos passions

36 Elle crée un univers 정도의 의미로 이해할 수 있다.

37 que les notes, dépouillées, de Beethoven. 여기에서 dépouillées는 잎사귀나 곁가지를 쳐내고 난, 장식이나 관례적인 음악적 장치들을 벗겨낸, 보다 직접적이고 직설적인 베토벤의 음(音)들이라는 의미이다.

38 tout autant에서 비교항은 생략되어 있는데, 복원해 보자면 que les notes de Beethoven이 될 것이다. 앞에 붙은 tout는 동등의 정도를 강조하는 '**꼭** 같은 만큼'의 의미를 지닌다.

un pouvoir de séduction[39] parce qu'elle se fait miroir de[40] l'arc-en-ciel des sentiments humains qui a toujours existé[41]. C'est parce qu'il nous parle de nous-mêmes que Mozart est indémodable. C'est parce qu'il nous plonge au cœur de notre être mystérieux, entre insignifiance et dépassement que Mozart est impérissable. C'est parce que, comme l'a souligné Wilhelm Dilthey, philosophe allemand : « il n'est pas venu pour instaurer un ordre du monde, mais pour exprimer musicalement ce qui est[42] »[43] que Mozart est éternel.

39 elle nous séduit tout autant

40 reflète

41 tel qu'il existe depuis la nuit des temps

42 être 동사는 속사나 장소·상황 보어 없이 '존재하다'라는 의미로 쓰이지 않는다. 단, ce qui 다음에 와서 '존재하는 것'을 의미하거나, 햄릿(Hamlet)의 대사를 프랑스어로 옮길 때는 예외적으로 쓰인다.

- vouloir fortement ce qui n'est pas 존재하지 않는 것 열망하기
- *To be or not to be, that is the question.* → Être ou ne pas être, telle est la question.

누군가가 '죽고 없다'라는 의미를 낼 때 (ne) plus와 함께 쓰이기도 한다 : Je (ne) serai plus lorsque tu auras ce petit mot. 네가 이 글을 받아 볼 때면 난 이미 이 세상에 없을 거야.

'걱정 마, 우리가 있잖아'라고 말하는 경우 (Ne) T'inquiète pas : nous sommes라고 하면 상대방은 뒤에 무슨 말이 이어져서 문장이 완결되기를 기다리게 된다. 부사 là를 흔히 덧붙이는 이유가 바로 그것이다. 그런데 là는 흔히 '저기' 혹은 '거기'라는 의미로만 파악하기 쉬운데, 대부분의 경우 별 의미가 없다 '여기/저기'의 의미쌍이라면 차라리 ici/là-bas를 익혀 둘 필요가 있다.

43 Sa musique n'a pas pour but d'instaurer un nouvel ordre du monde, mais de s'en faire l'expression.

QUELQUES EXERCICES

1. 주어진 표현들을 순서대로 사용하여, 필요한 경우 동사들을 조건법으로 활용하면서 다음을 프랑스어로 옮기시오.

1) 나 어제 너를 거의 한 시간 기다렸어! 어떻게 된 거니, 너?
(presque / Qu'est-ce que / tu)

미안, 너한테 미리 알렸어야 했는데. (Excuse / dû / prévenir)

그래, 전화라도 할 수 있었을 텐데! (Oui / pu / téléphoner / même)

정말 미안해! 진짜, 내가 너였다면 그렇게 오래 기다리지 않았을 거야.
(impardonnable / vrai / place / moi / je / aurais / si)

2) 외투를 입는 게 나을 거야. 추워. (mieux)

3) 사정이 덜 급했더라면 예정대로 했을 텐데…
(situation / tendue / on / fait / prévu)

4) 네가 걔랑 같이 왔으면 좋았을걸. (J' / préféré / sois / elle)

5) 엄마가 뭐라고 하셨는데? (elle / maman)

지하철에서 내리면 전화하시겠대. (qu'elle / sortie)

그 말만 하셨어? (C'est / tout / dit)

아니, 짐이 많아서 마중 나가야 한대. (faudrait / chercher / chargée)

2. 의미가 통하도록 올바른 순서로 말해 보시오.

Il est vrai (campagnes / que / sensibilisation / les / de) au geste éco-citoyen ont donné des résultats, puisque le tri sélectif des ordures (fait / des / maintenant / partie) habitudes des Français. Grâce à des petits gestes simples comme jeter les bouteilles ou les vieux papiers dans des containers spéciaux, (on / préservation / dans / s'implique / la) de l'environnement !

LECTURES COMPLÉMENTAIRES

Mozart ne vécut que trop brièvement[1] ; sa destinée posthume lui aura donné le pouvoir de la[2] prolonger cent fois, sa vie[3]. Possédant le don d'être porteur de toutes les images, de tous les paradoxes, Mozart est galant, romantique, pangermaniste ou communiste, compagnon de route de Freud, star du DVD, moderne, conformiste ou libre-penseur. On peut se demander finalement si Mozart ne symbolise pas[4], en fin de compte, toute la complexité humaine. La sagesse de Harnoncourt lui fait écrire que « Mozart est le grand compositeur sur lequel on sait le plus de choses. Et c'est pourtant celui qui reste le plus mystérieux. »[5] La sagesse de l'écrivain Hermann Hesse s'exprime en ces termes : « Mozart est l'un de ces quelques grands artistes qui n'ont plus réellement de biographie ni de psychologie, qui deviennent d'une incompréhensibilité totale, d'un mystère magique, du fait que leur personnalité se perd par le haut, se dérobe à nous, tant ils sont absorbés par leur art, par ce qui dépasse l'individuel et le temps. »[6]

1 La vie de Mozart fut trop courte

2 뒤에 나온 sa vie를 받고 있다.

3 soit on met une virgule → ... de la prolonger cent fois, sa vie.
soit on enlève "sa vie" → ... de la prolonger cent fois.

4 Mozart n'est-il pas, finalement, un symbole de...

5 Si l'on connait sa vie plus que tout autre, Mozart reste le plus mystérieux des grands compositeurs.

6 Mozart fait partie de ces grands artistes dont on ne possède pas réellement de biographie ou de psychologie, et qui sont caractérisés par une totale incompréhensibilité, par la magie du mystère qui en émane. En effet, ils arborent une personnalité insaisissable du fait que leur art, du fait aussi que ce qui est au-delà de l'individuel et du temps, les absorbent.

Leçon 5

Vol de nuit[1] de Saint-Exupéry

Ce papier plié en quatre[2] le sauverait peut-être[3] : Fabien le dépliait, les dents serrées[4].

« Impossible de s'entendre avec Buenos Aires[5]. Je ne puis même plus manipuler[6], je reçois des étincelles dans les doigts[7]. »

Fabien, irrité[8], voulut[9] répondre, mais quand ses mains lâchèrent les commandes[10] pour écrire[11], une sorte de houle[12] puissante pénétra[13] son corps : les remous le soulevaient, dans ses cinq tonnes de métal, et le basculaient[14]. Il y renonça[15].

1 비행 조종사이자 작가인 생텍쥐페리(Saint-Exupéry)의 대표작 『야간비행*Vol de nuit*』의 제15장이다. 1930년경, 남아메리카 남단의 파타고니아 지방에서 이륙하여 부에노스아이레스로 향하는 우편 수송기의 조종사 파비엥(Fabien)은 갑작스런 기상 변화로 인해 태풍 속에 휘말린다. 장비와 기술이 변변치 않던 시절, 열차 수송에 맞서 경제적 효율성을 고려할 수밖에 없는 상황에서 무리하게 시도했던 야간비행 때문에 주인공은 극한의 생존 조건을 경험한다. 인근의 모든 공항은 태풍의 영향권 아래에 놓여 접근 불가 상태이고 마지막으로 부에노스아이레스 공항과의 교신만 기대할 수 있는 상황이다.

2 넷으로 접힌 종이, 즉 두 번 접은 종이. 동승한 뒷좌석의 무선통신사(le radiotélégraphiste)가 적어 보낸 쪽지이다.

3 Ce qui peut-être le sauverait, c'était ce papier plié en quatre

4 en serrant les dents

5 Entente impossible avec Buenos Aires

6 Il ne m'est même plus possible de manipuler

7 mes doigts reçoivent des étincelles. 손에 (정전기가 일어서) 불똥이 튀어요.

8 en colère : 짜증이 나서

9 서술의 기본 시제는 단순과거(passé simple)이다.

10 조종석의 조종간

11 lorsqu'il lâcha les commandes dans le but d'écrire

12 넘쳐 들어오는 파도. 비행의 역사가 일천한 시대에 해상 조난의 이미지들을 빌려 쓰고 있음을 이해해야 한다. 아래의 remous도 마찬가지이다.

13 traversa

14 l'agitation de ses cinq tonnes métalliques le soulevaient et le chaviraient

Ses mains, de nouveau, se fermèrent sur la houle, et la réduisirent[16].

Fabien respira fortement[17]. Si le radio remontait[18] l'antenne par peur de l'orage[19], Fabien lui casserait la figure à l'arrivée[20]. Il fallait, à tout prix, entrer[21] en contact avec Buenos Aires, comme si, à plus de quinze cents kilomètres, on pouvait leur lancer une corde dans cet abîme[22]. À défaut d'une tremblante lumière[23], d'une lampe d'auberge presque inutile[24], mais qui eût prouvé la terre comme un phare[25], il lui fallait au moins une voix[26], une seule, venue[27] d'un monde qui déjà n'existait plus. Le pilote éleva et balança[28] le poing dans sa lumière rouge, pour[29] faire comprendre à l'autre, en arrière[30], cette tragique[31] vérité, mais l'autre, penché sur l'espace dévasté[32], aux villes ensevelies, aux lumières mortes[33], ne la[34] connut[35] pas.

---

15 Il abandonna l'idée d'écrire.

16 diminuèrent. '제압했다' 정도의 의미로 이해된다.

17 Fabien poussa de fortes respirations.

18 문맥상, remonter l'antenne는 안테나를 올리는 것이 아니라, 폭풍우의 번개가 무서워(par peur de l'orage) 안테나를 원래 상태로 되돌리는, 다시 말해 안테나를 접는 행위로 이해해야 한다.

19 S'il advenait que la radio remonte l'antenne apeurée par l'orage

20 Fabien n'hésiterait pas à lui casser la figure à l'arrivée

21 Il était coûte que coûte nécessaire d'entrer

22 dans ce gouffre

23 À défaut d'une lueur vacillante

24 superflue

25 mais qui eût le mérite de prouver l'existence de la terre tel un phare. 여기가 땅임을 알려줄(prouver) 수도 있는 (평소에는 거의 쓸모도 없는) 불빛. 실제로는 그런 불빛도 보이지 않으니, 동사를 접속법으로 활용하고 있다.

26 il avait au minimum besoin d'une voix

27 originaire

28 secoua

29 dans le but de

30 derrière lui

31 dramatique

32 saccagé

Fabien aurait suivi tous les conseils[36], pourvu qu'ils lui fussent criés[37]. Il pensait[38] : « Et si l'on me dit[39] de tourner en rond, je tourne en rond, et si l'on me dit de marcher plein Sud[40]... » Elles existaient quelque part ces terres en paix[41], douces sous leurs grandes ombres de lune. Ces camarades, là-bas, les connaissaient, instruits comme des savants[42], penchés[43] sur des cartes, tout-puissants, à l'abri de lampes belles comme des fleurs[44]. Que savait-il, lui, hors[45] des remous[46] et de la nuit qui poussait contre lui, à la vitesse d'un éboulement[47], son torrent noir ? On ne pouvait abandonner deux hommes[48] parmi ces

---

33 aux lumières désormais éteintes

34 cette tragique vérité를 대리한다.

35 soupçonna

36 n'importe quels conseils

37 si on lui en avait crié. 동사를 직설법 대신 조건법(aurait)으로 썼다. 뒤따르는 부사절은 일반적인 경우라면 si절에 이끌려 s'ils lui avaient été criés라고 썼을 것이나, 소설이다 보니 아무래도 일반 어법으로부터 조금은 자유롭다. pourvu que를 씀으로써 '지시 사항들이 소리쳐 전달되기만 했어도'라는 의미가 첨가되었다.

38 se disait

39 commande

40 plein Sud는 자체로는 '정남향'이지만 동사를 수식하는 부사구이므로 '정남향**으로**'라는 뜻이 된다.

41 문장의 주요 성분을 담당하는 명사구를 후치시킨 '탈구(dislocation)'가 적용된 문장이다. 즉, Ces terres en paix existaient quelque part라고 말하는 것과 의미의 차이는 없다. 간단한 예문을 통해 탈구 문장들을 익혀 보자.

- 폴 키 되게 크다. Paul est très grand. / Il est très grand, Paul. / Paul, il est très grand.
- 폴한테 전화하자. On va appeler Paul. / On va l'appeler, Paul. / Paul, on va l'appeler.
- 폴한테 말해야 돼. Il faut en parler à Paul. / Il faut lui en parler, à Paul. / Paul, il faut lui en parler.

42 les avaient vues, savamment instruits

43 courbés

44 abrité par des lampes pareilles à des fleurs

45 〈hors de …〉 : … 너머로. 실제적인 의미는 '… 말고는' 정도이다. 즉 〈sauf …〉로 표현해도 의미는 같다. 그런데도 sauf les remous et la nuit …라고 쓰지 않은 것은 동사의 선택과 관련이 있다. 앎과 인식의 대상이 명사(구)인 경우에는 동사 connaître가 동원되고 의문사, 〈que + 절〉, 동사의 inf., 간접의문문 등이 '알다'의 목적어가 될 경우에는 savoir를 쓴다. 전 문장에서 지상의 동료들이 알고 있는 것은 평화롭고 부드러운 땅(ces douces terres en paix), 즉 명사로 된 목적어여서 connaître를 썼고, 지금은 목적어가 의문사 que이니 savoir가 동원되었다. '… 말고는'보다 '… 너머로는'이라고 말하는 것이 적절한 이유이다.

46 en dehors des agitations

47 aussi vite qu'un éboulement

trombes et ces flammes dans les nuages. On ne pouvait pas[49]. On ordonnerait à Fabien[50] : « Cap au deux cent quarante... » Il mettrait le cap au deux cent quarante[51]. Mais il était seul.

Il lui parut que la matière aussi se révoltait[52]. Le moteur, à chaque plongée, vibrait si fort que toute la masse de l'avion était prise d'un tremblement comme de colère[53]. Fabien usait ses forces à dominer l'avion[54], la tête enfoncée dans la carlingue[55], face à l'horizon gyroscopique, car, au dehors[56], il ne distinguait plus la masse du ciel de celle de la terre, perdu dans une ombre où tout se mêlait[57], une ombre d'origine des mondes. Mais les aiguilles des indicateurs de position[58] oscillaient[59] de plus en plus vite, devenaient difficiles à suivre. Déjà le pilote, qu'elles trompaient, se débattait mal[60], perdait son altitude, s'enlisait peu à peu dans cette ombre[61]. Il lut[62] sa hauteur : « Cinq cents mètres ». C'était le niveau des collines[63]. Il les sentit rouler vers lui leurs vagues vertigineuses[64]. Il comprenait aussi[65]

48 Il n'était pas envisageable qu'on abandonne deux hommes

49 C'était impossible. 그럴 수는 없는 노릇이었다. 바로 앞 문장에서처럼 동사 pouvoir 이하에 이어지는 말이 있으면 pas를 생략할 수 있지만, 아무 말도 이어지지 않는 이상, pas가 없으면 안 된다.

50 Quelqu'un allait bientôt ordonner à Fabien

51 Il s'exécuterait.

52 Il eut l'impression que la matière se révoltait également.

53 À chaque fois qu'il plongeait, le moteur vibrait tellement fort que tout le poids de l'avion était saisi de frémissements pareils à ceux de la colère.

54 Fabien usait toutes ses forces à contrôler l'avion

55 enfonçant la tête dans la carlingue

56 à l'extérieur

57 tout s'amalgamait, se mélangeait

58 les aiguilles qui indiquaient la position

59 balançaient

60 서투르게 몸부림쳤다, 악전고투하였다.

61 s'embourbait progressivement dans cette ombre

62 vérifia

63 Il s'agissait là du même niveau que les collines.

que toutes les masses du sol[66], dont la moindre l'eût écrasé[67], étaient comme arrachées de leur support, déboulonnées[68], et commençaient à tourner[69], ivres[70], autour de lui. Et commençaient, autour de lui, une sorte de danse profonde et qui le serrait de plus en plus.

Il en prit son parti[71]. Au risque d'emboutir[72], il atterrirait n'importe où[73]. Et, pour éviter au moins les collines, il lâcha son unique fusée éclairante[74]. La fusée s'enflamma, tournoya[75], illumina une plaine et s'y éteignit[76] : c'était la mer.

Il pensa très vite : « Perdu[77]. Quarante degrés de correction, j'ai dérivé quand même[78]. C'est un cyclone[79]. Où est la terre ? » Il virait plein Ouest. Il pensa : « Sans fusée maintenant[80], je me tue. » Cela devait arriver un jour. Et son camarade, là, derrière[81]... « Il a remonté l'antenne, sûrement[82]. » Mais le pilote ne lui en voulait plus. Si lui-même ouvrait[83] simplement les mains, leur vie s'en écoulerait[84]

64 Elles roulèrent vers lui leurs vagues colossales et il le sentit.
65 également
66 toutes les masses provenant du sol
67 dont la plus petite l'eût réduit. 그중 가장 작은 흙덩어리라도 그를 깔아뭉갤 수 있을 것이었다.
68 démantelées, défaites
69 se mettaient à tourner
70 soûles
71 Il en prit sa décision. 결단을 내리다, 마음을 정하다.
72 Plutôt que de s'écraser
73 il atterrirait où que ce soit
74 la seule fusée éclairante qu'il possédait
75 virevolta
76 expira
77 perdu 앞에 je suis 또는 on est를 넣어 이해한다.
78 J'ai dérivé malgré les quarante degrés de correction.
79 Il s'agit d'un cyclone.
80 désormais : 이제 …하니(이니)
81 qui était derrière
82 c'est sûr
83 desserrait

aussitôt, comme une poussière vaine[85]. Il tenait dans ses mains le cœur battant de son camarade et le sien[86]. Et soudain ses mains l'effrayèrent[87].

Dans ces remous en coups de bélier[88], pour amortir les secousses du volant[89], sinon elles eussent scié les câbles de commandes, il s'était cramponné à lui, de toutes ses forces. Il s'y cramponnait toujours. Et voici[90] qu'il ne sentait plus ses mains endormies par l'effort[91]. Il voulut remuer les doigts pour en recevoir un message[92] : il ne sut pas s'il était obéi. Quelque chose d'étranger terminait ses bras[93]. Des baudruches insensibles et molles[94]. Il pensa : « Il faut[95] m'imaginer fortement que je serre[96]... » Il ne sut pas si la pensée atteignait ses mains. Et comme il percevait les secousses du volant aux seules douleurs des épaules[97] : « Il m'échappera. Mes mains s'ouvriront[98]... » Mais s'effraya de s'être permis de tels mots[99], car il crut[100] sentir[101] ses

84 échapperait

85 inutile

86 Il tenait dans ses mains deux cœurs qui battaient, celui de son camarade et le sien.

87 l'épouvantèrent

88 숫양이 발길질하는 것 같은 이 소용돌이 속에서

89 atténuer les saccades du volant

90 voici/voilà ... : 일상어에서는 의미의 차이가 거의 없지만 voilà의 빈도가 약 8 : 2 정도로 훨씬 높다. 뒤에는 명사(구), 〈que + 절〉이 올 수도 있고, 아무것도 오지 않을 수도 있다.

91 Et maintenant, il ne parvenait plus à sentir ses mains étourdies par l'effort.

92 Il eut l'intention de bouger les doigts pour qu'ils lui transmettent un message.

93 Quelque chose d'étranger prolongeait ses bras.

94 Des ballons insensibles et amorphes.

95 Je dois essayer de

96 serre 다음에는 직접보어 le volant이 생략되었다.

97 comme les seules douleurs des épaules lui permettaient de sentir les saccades du volant

98 이유, 근거를 나타내는 부사절 〈comme 주어 + 동사〉('주어'가 '동사'하니까)는 명시된 반면 주절의 〈주어 + 동사〉는 생략되어 있다. 복원해 보면 Fabien se dit "il m'échappera ..."와 같다.

99 Mais il eut peur de s'être autorisé de tels mots. 그런 말을 감히 떠올렸다는 사실에 겁이 덜컥 났다. 주어 Il(= Fabien)이 생략되어 있다.

100 il eut l'impression de

mains, cette fois, obéir à l'obscure puissance de l'image[102], s'ouvrir lentement, dans l'ombre, pour le livrer.

Il aurait pu lutter encore[103], tenter sa chance : il n'y a pas de fatalité extérieure[104]. Mais il y a une fatalité intérieure : vient une minute où[105] l'on se découvre vulnérable ; alors les fautes vous[106] attirent comme un vertige[107].

Et c'est à cette minute[108] que luirent sur sa tête[109], dans une déchirure de la tempête, comme un appât[110] mortel au fond d'une nasse[111], quelques étoiles.

Il jugea bien que c'était un piège : on voit trois étoiles dans un trou, on monte[112] vers elles, ensuite on ne peut plus descendre[113], on reste là à mordre[114] les étoiles...

Mais sa faim de lumière était telle qu'il monta[115].

101 '느낀다고 믿었다'보다는 '느껴지는 것 같았다'로 옮기는 것이 자연스럽다. 동사 sentir는 뒤에 inf.가 왔으므로 지각동사이다.

102 céder au pouvoir obscur de l'image. 방금 떠올린 그 영상, 그 말(내 손아귀가 스르르 풀리고 핸들이 빠져나갈 것이라는).

103 résister davantage. 한 번 더(encore) 애써볼 수도 있었다. 동사 lutter는 프랑스어에서 매우 일상적인 (그리고 시사적인) 어휘이다. 굳이 '투쟁하다, 싸우다'로 옮기지 않고 '노력하다, 애쓰다' 정도면 충분하다. 그리고 a pu 대신에 aurait pu를 쓴 만큼, 결과적으로 애쓰지 않았다는 것을 전제한다.

104 il n'existe pas de fatalité extérieure

105 il y a un moment où

106 막연한 일반인 전체를 지칭하는 vous이다. 그러한 의미의 주어가 필요할 때는 직전 문장에서 썼듯이 on을 쓰지만, 부정대명사 on에는 직접/간접목적보어 형태가 없으므로 vous로 표현될 수밖에 없다.

107 c'est alors que vous êtes attiré par les fautes comme un vertige

108 à ce moment-là

109 scintillèrent au-dessus de sa tête

110 mirage

111 filet

112 se dirige

113 s'en départir, les quitter

114 〈rester à + inf.〉 : 계속해서 …하다, 남아서 계속 …하고 있다.

115 il avait une telle faim(envie) de lumière qu'il monta

QUELQUES EXERCICES

1. 주어진 우리말과 같은 의미가 되도록 빈칸을 채우시오. (연결된 단어는 한 칸에 넣으시오.)

1) "철의 아가씨"라고도 불리는 에펠탑은 지금도 많은 나라들에서 프랑스를 상징하는 기념물이다. 와서 그 계단을 오르거나 엘리베이터를 타는 관광객의 수는 여전히 예상을 뛰어넘는다.

N__________ée aussi "la d_________ de fer", la tour Eiffel r________ dans beaucoup de pays le monument qui symbolise la France. Le nombre de touristes _________ v_________ grimper les marches ou p__________ l'ascenseur dem__________ impressionant.

2) 이제는 사람들이 결혼을 점점 더 늦게 하네요. 또 아이(갖는 것)도 그렇고요. 스물여덟이나 서른이 되어서야 하나 낳아요. 우리 딸 니콜(Nicole)은 서른두 살에 애를 낳았어요. 또 걔 여동생들도 나보고 그래요. "취직 먼저 하고 아이는 그 다음에!"라고.

Maintenant, les _______ _______ marient de _______ ________ plus ________. Et p_________ les bébés c_________ pareil. Ils a________ d'avoir vingt-huit ________ ________ _______ avant __________ avoir un. Ma fille Nicole a ________ le s___________ à trente-deux ans. Et les a_______ filles, l_________ plus j________, me ________ : un travail d_________, des enfants a__________.

3) 내 고독과 하도 자주 함께 자서 그게 거의 내 친구가 되어 버렸다.

P_______ avoir _______ souvent dormi avec ma solitude je _______n suis fait p_______ une amie.

4) 프랑스에서 일간지의 구독은 70년대 이래로 굉장히 줄었다. (일간지에 대한) 호감이 이렇게 하락한 이유 중 하나는 아마도 다른 선진국들에 비해 비싼 신문 가격일 것이다. 그러나 주된 이유는 잡지에 대한 프랑스 사람들의 뚜렷한 선호에 있다. 그들은 세계에서 잡지 구독률이 가장 높은 편에 속한다.

_______ France la l_______ de la presse q_______ a beaucoup d_______ depuis les années 70. L_______ des causes de cette baisse d'intérêt est sans _______ le prix _______é des journaux par rapport à _______ des autres pays développés. Mais la principale ex_______ réside dans la préférence marquée _______ Français pour les magazines d_______ ils sont p_______ les plus g_______ lecteurs du monde.

LECTURES COMPLÉMENTAIRES

Terre des hommes

La terre nous en apprend plus long sur nous que les livres[1]. Parce qu'elle nous résiste. L'homme se découvre quand il se mesure avec l'obstacle[2]. Mais, pour l'atteindre, il lui faut un outil. Il lui faut un rabot, ou une charrue[3]. Le paysan, dans son labour, arrache[4] peu à peu[5] quelques secrets à la nature, et la vérité qu'il dégage[6] est universelle. De même[7] l'avion, l'outil des lignes aériennes, mêle l'homme à tous les vieux problèmes[8].

J'ai toujours[9], devant les yeux, l'image de ma première nuit de vol en Argentine, une nuit sombre où scintillaient seules, comme[10] des étoiles, les rares lumières éparses dans la plaine.

Chacune signalait[11], dans cet océan de ténèbres, le miracle d'une

1 Nous apprenons davantage de la terre que des livres. = La terre nous apprend plus de choses que les livres.
2 à l'épreuve
3 un rabot ou une charrue lui sont nécessaires
4 dérobe
5 pas à pas, petit à petit
6 la vérité qui en émane
7 De la même manière
8 unit l'homme à l'ensemble des vieux problèmes
9 Je conserve encore
10 pareilles à
11 désignait

conscience. Dans ce foyer[12], on lisait, on réfléchissait[13], on poursuivait des confidences.

Dans cet autre, peut-être, on cherchait à[14] sonder l'espace, on s'usait[15] en calculs sur la nébuleuse d'Andromède. Là on aimait. De loin en loin luisaient ces feux dans la campagne qui réclamaient leur nourriture[16]. Jusqu'aux plus discrets[17], celui du poète, de l'instituteur, du charpentier. Mais parmi ces étoiles vivantes, combien de fenêtres fermées[18], combien d'étoiles éteintes, combien d'hommes endormis[19]...

Il faut bien tenter[20] de se rejoindre. Il faut bien essayer de communiquer avec quelques-uns[21] de ces feux qui brûlent de loin en loin dans la campagne.

12 Dans cette maison
13 on menait des réflexions
14 tentait de
15 on s'abîmait
16 De part et d'autre ces feux dans la campagne luisaient et exigeaient leur nourriture.
17 Mêmes les plus discrets
18 closes
19 assoupis
20 essayer
21 certains

Leçon 6

Le domaine mystérieux[1]

Dès le petit jour, il se reprit à marcher[2]. Mais son genou enflé lui faisait mal[3] ; il lui fallait s'arrêter et s'asseoir[4] à chaque moment tant la douleur était vive[5]. L'endroit où il se trouvait était d'ailleurs le plus désolé[6] de la Sologne. De toute la matinée, il ne vit qu'une bergère, à l'horizon[7], qui ramenait son troupeau. Il eut beau la héler, essayer de courir, elle disparut sans l'entendre[8].

Il continua cependant de marcher dans sa direction[9], avec une désolante lenteur[10]... Pas un toit, pas une âme[11]. Pas même le cri d'un courlis[12] dans les roseaux des marais. Et, sur cette solitude parfaite, brillait un soleil de décembre, clair et glacial.

Il pouvait[13] être trois heures de l'après-midi lorsqu'il aperçut[14]

1 20세기 초에 활동했던 프랑스 작가, 알랭-푸르니에(Alain-Fournier)의 『대장 몬느 *Le Grand Meaulnes*』는 순수에 대한 강박관념 속에서 청소년기에서 청년기로 넘어가는 시절의 애틋한 사랑 이야기를 서술하고 있다. 텍스트는 몬느가 길을 잃고 헤매다가 허물어져 가는 사블로니에르 저택에 접근하면서, 마침내 자신의 유년기를 되찾은 듯한 행복감에 젖어드는 장면이다.

2 Dès les premières lueurs du jour, il reprit sa marche.

3 Mais il avait mal à son genou enflé

4 il avait besoin de faire des pauses, de s'asseoir

5 tant était vive la douleur

6 vide

7 il n'aperçut qu'une bergère, au loin

8 c'est sans l'entendre qu'elle disparut

9 marcher dans ses pas

10 avec une lenteur qui le désolait

11 Aucun toit, aucune âme.

12 Aucun cri même d'un courlis

13 devait

enfin, au-dessus d'un bois de sapins[15], la flèche d'une tourelle grise.

« Quelque vieux manoir abandonné[16], se dit-il, quelque pigeonnier désert[17] !... »

Et, sans presser le pas[18], il continua[19] son chemin. Au coin du bois débouchait, entre deux poteaux blancs, une allée où Meaulnes s'engagea. Il y fit[20] quelques pas et s'arrêta, plein de surprise[21], troublé d'une émotion inexplicable[22]. Il marchait pourtant du même pas fatigué[23], le vent glacé[24] lui gerçait les lèvres, le suffoquait[25] par instants ; et pourtant un contentement extraordinaire[26] le soulevait, une tranquillité parfaite et presque enivrante, la certitude que son but était atteint[27] et qu'il n'y avait plus maintenant que du bonheur à espérer[28]. C'est ainsi[29] que, jadis, la veille des grandes fêtes d'été[30] il se sentait défaillir[31], lorsqu'à la tombée de la nuit on plantait des sapins dans les rues du bourg[32] et que la fenêtre de sa chambre était

14 distingua
15 dominant un bois de sapins
16 Sans doute un quelconque vieux manoir abandonné
17 un quelconque pigeonnier désolé
18 sans se hâter
19 poursuivit
20 avança
21 tout surpris
22 troublé par une émotion incompréhensible
23 il avançait avec le même rythme fatigué
24 le glacé du vent
25 le faisait suffoquer
26 une incroyable satisfaction
27 la conviction qu'il avait atteint son but
28 qu'il ne restait plus maintenant qu'à espérer du bonheur
29 de cette manière
30 fêtes estivales
31 il avait l'impression de défaillir
32 lorsque la nuit tombait, que des sapins étaient plantés dans les rues du bourg

obstruée par les branches.

« Tant de joie, se dit-il[33], parce que j'arrive[34] à ce vieux pigeonnier, plein[35] de hiboux et de courants d'air !... »

Et, fâché[36] contre lui-même, il s'arrêta, se demandant[37] s'il ne valait pas mieux rebrousser chemin[38] et continuer[39] jusqu'au prochain village. Il réfléchissait depuis un instant[40], la tête basse[41], lorsqu'il s'aperçut[42] soudain que l'allée était balayée à grands ronds réguliers[43] comme on faisait chez lui pour les fêtes[44]. Il se trouvait[45] dans un chemin pareil à[46] la grand'rue de La Ferté, le matin de l'Assomption ! ... Il eût aperçu[47] au détour de l'allée une troupe de gens en fête[48] soulevant la poussière comme au mois de juin, qu'il n'eût pas été surpris davantage[49].

« Y aurait-il une fête dans cette solitude[50] ? » se demanda-t-il[51].

(...)

33 pensa-t-il
34 je parviens
35 rempli
36 irrité
37 s'interrogeant
38 faire demi-tour
39 poursuivre son chemin
40 Il était en train de réfléchir depuis peu
41 la tête baissée
42 remarqua
43 de grands ronds réguliers avaient été balayés dans l'allée
44 à la manière dont on le faisait chez lui au moment des fêtes
45 se situait
46 dans un chemin qui ressemblait à
47 découvert
48 festoyant
49 S'il eût aperçu au détour de l'allée une troupe de gens ..., il n'eût pas été plus surpris.
50 au cœur de cette solitude
51 s'interrogea-t-il

Un silence profond régnait sur ce domaine[52]. Par instants seulement on entendait gémir le grand vent de décembre[53].

Et Meaulnes, étendu, en venait à[54] se demander si, malgré ces étranges[55] rencontres, malgré la voix des enfants[56] dans l'allée, malgré les voitures entassées[57], ce n'était pas là simplement, comme il l'avait pensé[58] d'abord, une vieille bâtisse abandonnée dans la solitude de l'hiver[59].

Il lui sembla bientôt que le vent lui portait le son d'une musique perdue[60]. C'était comme[61] un souvenir plein de charme et de regret[62]. Il se rappela le temps où sa mère, jeune encore, se mettait au piano l'après-midi dans le salon[63], et lui, sans rien dire[64], derrière la porte qui donnait sur le jardin, il l'écoutait jusqu'à la nuit[65]...

« On dirait[66] que quelqu'un joue du piano quelque part ? » pensa-t-il.

Mais laissant sa question sans réponse[67], harassé de fatigue[68], il ne tarda pas à s'endormir[69]...

52 Ce domaine était plongé dans un silence profond.
53 C'est seulement par brefs moments qu'on entendait le grand vent de décembre se lamenter.
54 finissait par
55 curieuses
56 les voix enfantines
57 attroupées
58 imaginé
59 il ne s'agissait pas juste là, (...) d'une vieille construction abandonnée dans l'exil hivernal
60 Il lui parut alors que le son d'une musique perdue lui était porté par le vent.
61 pareil à
62 nostalgie
63 Lui revint en mémoire les après-midis où sa mère, encore jeune, s'asseyait devant son piano dans le salon
64 se taisant
65 jusqu'à ce qu'il fasse nuit
66 Il semblerait
67 Mais sans qu'il n'y ait de réponse à sa question
68 exténué
69 il s'endormit presqu'aussitôt

QUELQUES EXERCICES

1. 주어진 우리말과 같은 의미가 되도록 빈칸을 채우시오.

여러분들은 이제 프랑스 신문이나 잡지의 기사들을 읽을 수 있어요. 쉬워 보이거나 이미 들어서 잘 알고 있는 난(면)들을 고르세요. 국제면, 영화와 공연, 문학 등 …

모든 걸 다 읽으려 하진 마세요. 제목이 이해되세요? 그렇다고요? 그럼, 무엇에 관한 기사인지를 말해 줄 첫 문장을 읽어 보세요. 완전히 이해하지는 못하겠어요? 전체적인 의미만 파악된다면 그건 중요하지 않아요. 단어 몇 개는 사전을 찾으세요. 하지만 너무 많이는 말고요. 모르는 단어가 너무 많으면 중단하세요.
다른 제목들을 둘러보고 독해해 보세요. 너무 어려우면 억지로 계속하진 말고요.

여러 신문들을 그렇게 해보세요. 지방지가 전국지보다 이해하기 쉬울 때가 많아요.
광고들을 읽어 보셔도 돼요. 그림이 있어서 도움이 될 거예요.

Vous pouvez c__________ à lire des articles dans les journaux français ou les revues. Choisissez les rubriques _________ v________ semblent l________ ________ faciles ________ ________ vous connaissez bien parce que vous ________ avez déjà entendu p________ : le m________, le cinéma et les spectacles, la littérature...

N'essayez pas de ________ ________ : comprenez-vous le t________ ? Oui ? ________ lisez la première phrase qui d________ vous indiquer de q________ p________ l'article. Vous ne comprenez pas tout ? ________ n'est pas important ________ vous comprenez l'en________. Cherchez quelques mots d_______ le dictionnaire, mais _______ t_______. _______-vous s'il y a trop de mots qui v_______ sont i_______.

Regardez _______ titres et essayez de _______ comprendre. Si _______ trop difficile, n'in_______ pas.

Essayez des j_______ d_______ ; s_______ les journaux régionaux s_______ moins c_______és _______ comprendre que les grands journaux n_______.

Vous _______ au_______ essayer de comprendre les p_______, l'i_______ peut vous _______.

LECTURES COMPLÉMENTAIRES

Quelques mots sur *Le Grand Meaulnes* d'Alain-Fournier

Un singulier pouvoir d'auto-aimantation se dégage de l'œuvre d'Alain-Fournier[1]. La boucle n'est jamais complètement bouclée, et la part de mystère demeure continuellement[2] préservée. Il s'agit là du fruit d'une structure romanesque aux échos habilement[3] différés. La lecture de *Le Grand Meaulnes*, est un élan vers la découverte d'aventures[4] qui requièrent d'invariables retours en arrière[5], comme si la flèche[6] du bonheur devait toujours se refléter dans le miroir bouleversant et chancelant[7] de l'enfance examiné[8] par le regard fiévreux de l'adolescence. Le merveilleux de ce roman réside dans un secret mouvement de balancier où le temps amadoue[9] son abolition, tandis que s'élève la rumeur d'une fête insolite[10] dont la hantise[11] devient d'autant plus forte que l'existence s'en éloigne irréversiblement[12].

1 L'œuvre d'Alain-Fournier est douée d'un singulier pouvoir d'auto-aimantation.
2 constamment
3 savamment
4 Lire *Le Grand Meaulnes*, c'est aller à la découverte d'aventures
5 qui exigent d'incessants retours en arrière
6 l'aiguillon
7 dans le miroir troublant et tremblant
8 scruté
9 courtise
10 étrange
11 l'obsession
12 irrévocablement

Leçon 7

Deux approches féministes

Première approche féministe : La femme est homme

Même si les principes affirment l'égalité (hommes-femmes), les faits prennent plus de temps à l'intégrer[1]. Parallèlement à sa progression dans la vie politique ou dans la vie professionnelle[2], on peut même constater que le maintien de ségrégations sournoises se fait à travers l'apparition de nouvelles formes d'inégalité[3].

Le XXe siècle a vu une grande révolution, celle d'avoir mis un terme[4], théoriquement, à la « complémentarité[5] inégalitaire des sexes[6] », comme l'appellent les sociologues[7]. Cette complémentarité se traduit ainsi : les femmes sont étroitement liées à la sphère domestique, à celle de la famille, à celle de l'enfant[8] et il appartient aux hommes de s'occuper des sphères publique et politique, de la science, de la guerre[9]. Une inégalité en ressort : il existe une hiérarchie entre ces

1 Affirmée dans les principes, l'égalité (hommes-femmes) tarde à entrer dans les faits. 이 문장에서는 원칙과 실제를 구분하기 위해 principes와 faits가 짝으로 쓰였다. 일상구어에서는 en principe, en fait가 많이 쓰인다.

2 À mesure qu'elle progresse dans la vie politique ou dans la vie professionelle

3 de nouvelles formes d'inégalité apparaissent, qui maintiennent des ségrégations sournoises

4 d'avoir mis fin

5 (상호)보완, 즉 흔히 말하는 '역할분담'의 개념으로 이해할 수 있다.

6 les (deux) sexes : 양성

7 à ce que les sociologues appellent la « complémentarité inégalitaire des sexes »

8 aux femmes la sphère domestique, celle de la famille, de l'enfant

9 aux hommes la sphère publique, celle de la politique, de la science, de la guerre

deux domaines établissant la prééminence des tâches « masculines » sur les tâches « féminines »[10].

Les années soixante ont fait exploser ce modèle à partir du moment où les femmes ont commencé à investir les sphères alors[11] réservées aux hommes. Le phénomène a d'abord pris forme dans le domaine de la vie professionnelle : on a assisté à une nette progression de l'emploi des femmes [...] « à la manière d'une lame de fond ». La crise économique elle-même n'en a pas arrêté le mouvement, si bien qu'en 1996, en France, 44,5% de la population active était féminine[12]. Le phénomène s'est ensuite étendu à la vie politique : lorsqu'en 1991, une femme a été nominée au poste de Premier ministre, ce fut la consécration[13] d'une évolution dont le début avait été marqué, en 1944, par l'obtention du droit de vote féminin et dont la continuité avait été affirmée, dans les années soixante, par l'arrivée de nombreuses femmes en politique[14].

Ce nouveau modèle de mixité présente malgré tout ses limites dans le domaine pratique : de vives résistances se sont opposées à la promotion des femmes et d'inacceptables discriminations persistent[15]. Dans le domaine politique, les femmes qui occupent des postes à responsabilité ne sont pas nombreuses[16]. Dans le domaine

10 une hiérarchie entre ces deux domaines qui reconnaît aux tâches « masculines » la prééminence (=la supériorité) sur les tâches « féminines »

11 jusque-là

12 de sorte qu'en France, en 1996, les femmes représentaient 44,5% de la population active

13 couronnement, victoire

14 d'une évolution commencée, en 1944, avec le droit de vote féminin et continué, dans les années soixante, par l'entrée de nombreuses femmes en politique

15 la promotion des femmes s'est heurtée à de vives résistances, qui ont entraîné la persistance d'inacceptables discriminations

professionnel, les femmes sont désavantagées par l'existence de différence de salaires, et par le chômage ou la précarité, pour ne citer que ces éléments[17]. Il convenait, de fait, de relancer[18] le mouvement afin de faire face à ces obstacles[19].

Les domaines politique et professionnel s'y sont prêtés[20] à travers, réciproquement, la loi sur la parité[21] et le texte sur l'égalité professionnelle[22]. Si la participation des femmes à la vie de l'entreprise ou[23] de la politique est désormais égale et apparaît à beaucoup comme une évidence[24], elle reste une idée neuve[25] : il convient de maintenir le degré d'effort[26] pour donner définitivement raison à ce qu'écrit Rousseau dans *Emile* : « En tout ce qui ne tient pas au sexe, la femme est homme. »

16 Dans la vie politique, la proportion de femmes occupant des postes de responsabilité demeure faible.

17 Dans la vie professionnelle, les écarts de salaires, le poids du chômage ou de la précarité, entre autres, sont toujours au désavantage des femmes.

18 C'est pourquoi il importait de relancer

19 pour surmonter ces obstacles

20 s'en sont occupés

21 loi sur la parité : 국회의원 등 주요 공직자 선거에서 각 정당이 원칙적으로 남녀 동수의 후보를 내도록 규정한 법률(2000년 6월 발효됨)

22 Cela a été fait, dans le domaine politique, avec la loi sur la parité, et dans le domaine du travail, avec le texte sur l'égalité professionnelle.

23 comme à celle

24 pour évidente qu'elle paraisse à beaucoup

25 idée neuve : 생소한 개념, 처음 들어보는 것

26 aussi l'effort ne doit-il pas se relâcher

Deuxième approche féministe : Rejoignez-nous[27] !

Stop[28] à la violence sexiste[29]

Manifeste du 8 mars 1999

Nous vivons en démocratie.
Le débat est libre[30].
Cependant, tous les arguments ne sont pas légitimes[31].
Toute femme[32] qui s'expose, qui s'affirme, qui s'affiche[33],
court[34] le risque d'être traitée de « pute ».
Si elle réussit, elle est souvent suspectée d'avoir « couché »[35].
Que l'on arrête[36] !
Nous, chiennes[37] de garde, nous[38] défendons[39].

27 Faites partie du mouvement !

28 Halte

29 sexuelle이 아니라 sexisme(성차별)의 형용사형인 sexiste를 씀으로써 의미를 넓혔다. 접미사 -isme / -iste가 붙은 말을 반드시 '-주의(적)'로 이해하고 옮길 필요는 없다 : terrorisme 테러(행위) / parole raciste 인종차별(하는) 발언

30 La démocratie dans laquelle nous vivons autorise le débat.

31 Il existe aussi des arguments qui ne sont pas acceptés.

32 toutes les femmes와 비교할 때, 결과적으로 의미상 큰 차이는 없으나 뉘앙스에서 미세한 차이는 있다. 정관사와 함께 복수 형태로 말하면 '(미리 전제된 범위가 있어서 거기에 속하는) 모든 …'를 의미하며 관사 없이 단수형으로 말하는 경우 '…이면 누구나(어느 것이나) 다'라는 의미이다.

33 자신을 드러내고 주장하며 (적극적으로) 표현하는

34 prend

35 Dans les cas où elle réussit dans sa vie, il n'est pas rare qu'on la suspecte d'avoir « couché ».

36 Ça suffit ! / On en a assez. / Il y en a marre. 불만을 나타내는 표현으로 의미는 조금씩 다르지만 다음과 같은 것들이 있다 : Ça ne peut pas continuer comme ça. / C'est toujours la même chose.

37 오해하기 쉬우나, 우리말의 명사 '개'가 갖는 비속어로서의 뉘앙스는 거의 없다.

38 맨 앞에 주어 Nous가 있으므로 이 nous는 대명동사의 se에 해당하는 것으로 보기 쉽다. 그렇다면 주어 Nous와 동사 nous défendons 사이에 다른 말이 삽입된 셈인데, 그것은 프랑스어의 자연스런 리듬이 아니다. 예외적인 경우를 제외하고는 주어인칭대명사와 동사 사이에 다른 말이 들어와서는 안 된다.

- Nous, mon petit frère et moi, nous nous promenons (...et moi, on se promène). 내 동생과 나는 산책한다.

Adresser une injure sexiste à une publique,
c'est insulter toutes les femmes[40].
Nous nous engageons à soutenir les femmes publiques
qui subissent des attaques[41]
parce qu'elles sont des femmes.
Nous affirmons
que toute femme possède la liberté d'agir et de choisir[42].
Nous, chiennes de garde,
nous sommes les garantes d'une valeur précieuse :
la dignité des femmes.
Ensemble, élevons le débat[43].

En France, il n'y a pas une seule femme politique d'aujourd'hui qui n'ait pas été injuriée de manière sexiste[44], que ce soit par écrit, sur les affiches ou oralement dans des lieux publics ou au téléphone : « salope », « putain », etc. Tandis que la tradition de galanterie rend fier notre pays[45], le risque d'être traitée ainsi est bien réel pour toute femme qui prend des initiatives[46].

Des machos ont récemment hurlé à la ministre Dominique Voynet :

• Nous, mon petit frère et moi, nous promenons notre chien (... moi, on promène notre chien). 내 동생과 나는 개를 산책시킨다.

39 nous montrons les crocs

40 Injurier une femme publique de manière sexiste revient (=correspond) à insulter l'ensemble des femmes.

41 manifester notre soutien aux femmes publiques attaquées

42 Nous affirmons la liberté d'action et de choix de toutes les femmes.

43 C'est toutes ensemble qu'il faut élever le débat.

44 En France, toutes les femmes politiques d'aujourd'hui ont reçu des injures sexistes

45 Bien que notre pays soit fier de sa tradition de galanterie

46 toute femme qui prend des initiatives court le risque d'être traitée ainsi

« enlève ta culotte ». Les femmes politiques — ainsi que les autres[47] — sont, la plupart du temps, bien moins considérées pour leurs compétences, que pour leur aspect physique uniquement[48] (« c'est un véritable canon » ou « c'est un gros tas »[49]).

Les femmes politiques des autres pays occidentaux sont agressées avec moins de machisme[50]. Comment cela se fait-il[51] ? Faudrait-il alléguer[52] la république, qui a exclu les femmes[53] ? Tandis que le suffrage dit « universel » existait[54] depuis 96 ans déjà, le droit de vote n'a été obtenu par les Françaises que le 21 avril 1944[55]. La place qu'elles occupent au sein des assemblées élues est dérisoire si l'on compare avec les pays voisins[56].

Désormais, il nous appartient, à nous[57], femmes et hommes qui agissons pour la liberté, l'égalité, la fraternité et la tolérance, de faire entendre ce que nous avons à dire[58]. Nous demandons qu'une loi contre le sexisme soit votée[59]. Nous demandons qu'un large travail de

47 les autres femmes aussi

48 Au lieu d'être considérées pour leurs compétences, les femmes politiques sont trop souvent jugées sur leur seul aspect physique

49 Termes très familiers pour désigner une personne jolie (*canon*) ou, au contraire, laide (*tas*).

50 Dans les autres pays occidentaux, les femmes politiques ne sont pas agressées avec autant de machisme.

51 À quoi tient cette exception française ?

52 rendre responsable

53 Serait-elle en relation avec l'exclusion des femmes par la république ? 1789년 혁명 이래로 약 150년에 걸쳐 공화정이 수립되는 과정에서 여성의 정치적 참여가 배제된 것을 일컫는 듯하다.

54 이 반과거의 시제적 의미는 뒤의 전치사구 depuis 96 ans déjà와 함께 생각해야 한다.
- Elle habite à Séoul depuis 96 ans. 그녀는 서울에 96년째 살고 있다.
- Elle habitait à Séoul depuis 96 ans. 그녀는 (그 당시) 서울에 96년째 살고 있었다.

55 c'est seulement le 21 avril 1944 que les Françaises ont obtenu le droit de vote

56 contrairement aux pays voisins

57 c'est à nous

58 de faire entendre notre voix

59 Nous demandons le vote d'une loi contre le sexisme.

réflexion, d'éducation et de prévention soit mené. Nous souhaitons vivre dans une société où il nous sera possible d'agir librement[60], dans le respect réciproque[61].

Lorsqu'on injurie une femme politique de propos sexistes, c'est l'ensemble des femmes que l'on insulte[62].

C'est le moment de dire non et de se défendre[63]. Ensemble !

L'union fait la force.

Chiennes de garde et fières de l'être[64] !

Chiennes de garde : 35, rue des Francs-Bourgeois – 75004 Paris

60 nous pourrons agir librement

61 dans le respect de l'autre et en bénéficiant nous-mêmes de respect

62 Adresser une injure sexiste à une femme politique, c'est insulter toutes les femmes.

63 Il est temps de dire non et de montrer les crocs.

64 이 전단지를 만들어 배포하는 단체의 이름 Chiennes de garde(경비견)를 마지막에 서명 삼아 쓰고 거기에 또 서술어를 재치 있게 덧붙였다. 여기에서, chiennes 앞에 관사 des가 붙었더라면 〈주어 + 동사〉인 Nous sommes를 생략하기 곤란했을 것이다.

QUELQUES EXERCICES

1. 보기의 표현들을 사용하여 텍스트를 완성하시오.

보기) que le / de se / finalement avec / dès son / aura un / de succès / dons pour / et réciproque / grâce à / lui offre / épouse / avec Roger Vadim / une du / où elle

Brigitte Bardot naît le 28 septembre 1934, dans une famille bourgeoise de Passy, dans la région parisienne.

Elle étudie la danse classique ___________ enfance et fait un peu de théâtre. Elle pose à 14 ans déjà pour *Le jardin des modes junior*. Très vite ensuite, elle est à la ___________ magazine féminin *Elle*. C'est en voyant ce magazine ___________ cinéaste Roger Vadim la découvre. Coup de foudre immédiat ___________. Ils se marieront, deux ans plus tard, le 19 décembre 1952.

Elle est découverte par le réalisateur Jean Boyer, ___________ qui elle fait sa première apparition à l'écran, en 1952 : dans *Le trou normand* avec Bourvil. Mais c'est ___________, son premier mari, qu'elle devient célèbre : elle tourne avec lui *Et Dieu créa la femme*. Puis, en 1962, c'est *Vie privée* de Louis Malle. Jean-Luc Godard ___________ un chef-d'œuvre en 1963 : *Le Mépris* ___________ joue avec Michel Piccoli.

Après Vadim, elle ________________ Jacques Charrier avec lequel elle _________ enfant : Nicolas. Elle se marie ___________ Gunther Sachs.

En plus de ses ___________ le cinéma, elle a une fort belle voix, et ses chansons (un peu plus de 80 !) ont beaucoup ___________.

À 40 ans, elle décide de quitter le cinéma et ___________ consacrer à la cause des animaux.

2. 보기에 주어진 동사들을 조건법으로 활용하여 문장을 완성하시오.

보기) appeler / prêter / pouvoir / mieux avoir fait / avoir / bien avoir aimé / être

1) J'ai un peu froid ; ___________-vous fermer la fenêtre ?
2) Vous ___________ de prendre la route nationale : sur l'autoroute il y avait des embouteillages.
3) Comme on ___________ bien au soleil, allongé sur une plage !
4) Un bateau a coulé au large de Saint-Malo ; il n'y __________ aucun survivant.
5) Si j'avais un fils, je l'___________ Olivier.
6) J'___________ vivre au bord de la mer !
7) Christine m'a promis qu'elle me ___________ sa voiture samedi soir.

LECTURES COMPLÉMENTAIRES

Le fémini... quoi ? C'est quoi ça ?

Le féminisme rassemble des idées politiques[1], philosophiques et sociales dont le but est de soutenir et encourager les droits des femmes[2] ainsi que[3] leurs intérêts dans la société civile. Il prend forme[4] dans des organisations agissant dans l'intérêt des femmes qui sont victimes d'inégalités sociales, politiques, juridiques, économiques et culturelles. L'objectif de ces actions est l'abolition de ces inégalités[5].

Ce n'est, certes, qu'à la fin du XIXe siècle que le terme « féminisme » revêt le sens qu'on lui donne actuellement[6], mais les idées relatives à la libération de la femme existent depuis le siècle des Lumières[7] et leurs sources résident dans des mouvements encore plus anciens ou dans des combats menés dans des contextes historiques tout autres[8]. La « première vague du féminisme » a pour principal objectif d'effectuer des réformes dans les institutions[9], de manière à ce que[10] les hommes

1 Le féminisme est un ensemble d'idées politiques
2 cherchant à promouvoir les droits des femmes
3 et
4 Il s'incarne
5 d'abolir ces inégalités
6 Le terme « féminisme » ne prend son sens actuel qu'à la fin du XIXe siècle
7 les idées de libération de la femme prennent leurs racines dans le siècle des Lumières
8 et se réclament de mouvements plus anciens ou de combats menés dans d'autres contextes historiques
9 L'objectif principal de la « première vague du féminisme » est de réformer les institutions
10 de sorte que

et les femmes deviennent égaux devant la loi[11] : les revendications principales de cette époque concernent le droit à l'éducation, au travail, à la maîtrise de leurs biens et au vote pour les femmes.

Diverses analyses sociologiques et philosophiques d'importance[12] ont été produites par le mouvement féministe. À la fin des années 1960, la naissance du Mouvement de Libération des Femmes (MLF) et du Women's Lib, donne lieu à[13] plusieurs concepts issus de la deuxième vague féministe dont le but est d'élaborer un compte-rendu[14] de la spécificité du rapport de domination exercé sur les femmes. Dans le même temps, on[15] reformule le concept de patriarcat, on élabore celui de sexisme et on met l'accent sur le fait que le domaine privé est le lieu où la domination masculine est favorisée : le « personnel est politique ».

Les revendications principales des femmes sont liées au droit de contrôler leur propre corps[16] (avortement, contraception), mais, de manière plus large, les féministes de cette deuxième vague s'attachent à construire de nouveaux rapports sociaux entre les sexes[17]. C'est dans cette perspective que la notion de « genre » souhaite « dénaturaliser » les rapports entre le sexe masculin et le sexe féminin. Dès les années 1990[18], l'important ensemble de revendications des militantes féministes cette fois issues de groupes minoritaires, dans la continuité du[19] Black Feminism (féminisme noir), est considéré comme la troisième vague féministe.

11 deviennent légalement égaux
12 Une grande diversité d'analyses sociologiques et philosophiques
13 a élaboré
14 de rendre compte
15 C'est à cette période qu'on
16 touchent au contrôle de leur corps par les femmes
17 c'est à la construction de nouveaux rapports sociaux entre les sexes qu'appellent les féministes de cette deuxième vague
18 À partir des années 1990
19 dans le sillage du

Leçon 8

Une promenade bien réfléchie du solitaire Rousseau[1]

Quand le soir approchait je descendais[2] des cimes[3] de l'île et j'allais[4] volontiers m'asseoir au bord du lac[5], sur la grève[6], dans quelque asile caché[7] ; là le bruit des vagues et l'agitation de l'eau[8] fixant[9] mes sens et chassant[10] de mon âme toute autre agitation la plongeaient[11] dans une rêverie délicieuse où[12] la nuit me surprenait[13] souvent sans que

1 근대 프랑스의 사상가 장 자크 루소(Jean-Jacques Rousseau)의 명상집 『고독한 산책자의 몽상 *Les Rêveries du promeneur solitaire*』 중의 다섯 번째 산책에서 발췌한 텍스트이다.

2 텍스트의 기본 시제로 채택된 반과거가 여기에서는 동사가 의미하는 행위나 동작 혹은 상태가 일정 기간 동안 반복적으로 일어났음을 나타낸다. 우리말로 옮길 때, 매번 그럴 필요는 없겠지만, 처음 한 번 정도는 '…하곤 했다'라고 옮길 수 있다.

3 sommets

4 〈이동동사 aller, venir, passer + inf.〉 구문은 pour 없이도 '…하러 가다, 오다, 들르다…' 또는 '가서, 와서, 들러서 …하다'를 의미한다 : Tu peux aller chercher les clés ? 네가 가서 열쇠 좀 가져 올래?

5 sur les rives du lac

6 sur le rivage

7 dans quelque cachette

8 le bruit que faisaient les vagues et l'eau qui s'agitait

9 동사의 현재분사가 동원되어 이하의 말들과 함께 분사구를 이루어, 선행하는 명사(들)(bruit ... et ... agitation)를 수식한다. 즉 qui fixaient mes sens et qui chassaient de mon ...의 의미로 이해할 수 있다.

10 expulsant

11 루소는 자신의 상념을 표현하기 위해 이렇게 만연체 문장을 사용하는 경우가 많다. 효율적으로 독서하기 위해서는 문장의 주어와 동사를 식별해 낸 다음 나머지 핵심 요소들만을 추출하여 이해할 필요가 있다. 이 문장에서는 le bruit ... et l'agitation ... la plongeaient dans ...이 핵심 요소다.

12 일반적으로 〈rêverie où 주어 + 동사〉로 연결되는 형용사절의 경우 '몽상 **속에서**'의 의미로 연결되는데 여기서는 특이하게도 '몽상에 잠겨 있는 **동안**(몽상 밖 현실에서는)'의 의미이다. 즉 관계대명사(관계부사) où를 préciser하자면 일반적으로는 rêverie dans laquelle이지만 여기서는 rêverie pendant laquelle로 풀어쓸 수 있다.

13 애초에 '잡다, 쥐다'의 뜻을 갖는 동사 prendre에 접두사 sur가 '갑자기, 뜻밖에'의 의미를 갖고 붙었으니 이러한 기본적 의미 정보만을 가지고도 이 문맥에서의 의미를 짐작해 낼 수 있다. 즉 '어둠이 불현듯 나를 감쌌다'인데, 여기에 해당하는 우리말 표현 '어느새 밤이 되었다, 사방이 어느새 어두워져 있었다'와 비교해 보는 것도 유익할 것이다.

je m'en fusse aperçu[14]. Le flux et reflux de cette eau[15], son bruit continu mais renflé[16] par intervalles frappant[17] sans relâche[18] mon oreille et mes yeux, suppléaient[19] aux mouvements internes que la rêverie éteignait[20] en moi[21] et suffisaient[22] pour me faire sentir[23] avec plaisir[24] mon existence, sans prendre la peine de penser[25]. De temps à autre[26] naissait[27] quelque faible et courte réflexion[28] sur l'instabilité des choses de ce monde dont[29] la surface des eaux m'offrait l'image[30] :

---

14 dans laquelle la tombée de la nuit m'était souvent une surprise(=me surprenait). 동사구 s'apercevoir de가 sans que 절에서 접속법 대과거 일인칭 단수로 활용되었다. '… 없이'라는 의미를 갖는 전치사 sans의 보어로는 기본적으로 명사(구)가 주로 오지만 때로는 inf., 나아가서는 여기서처럼 〈주어 + 동사〉의 문장 형태도 보어가 될 수 있다. 마지막의 경우, 이 〈주어 + 동사〉에 마치 하나의 명사와 같은 지위를 부여하는 것이 필요한데, 그 역할을 하는 것이 접속사 que이다. 그리고 이 경우 동사는 접속법으로 활용해야 하는데, 이는 그 〈주어 + 동사〉의 내용이 실제로는 일어나지 않는다는 점과 관련이 있다('주어'가 '동사'함 없이). 그리고 중성대명사 en은 de + cela를 대신하며 여기서 cela는 방금 말한 내용, 즉 어느새 밤이 되어 있었다는 사실을 대리한다. 다시, 동사의 접속법 형태에 대해 살펴보자면, 우선 접속법 반과거 및 대과거(avoir 혹은 être의 접속법 반과거 + 본동사의 과거분사)는 본격적인 글쓰기에서만 쓰일 뿐 일상 구어에서는 거의 쓰이지 않으며 각각 접속법 현재 및 (복합)과거로 대체되어 쓰인다. je m'en fusse aperçu에서 m'는 s'가 인칭화된 것이며 fusse는 시제조동사 être의 접속법 반과거 일인칭 단수 활용이다.

15 Le va et vient de cette eau

16 son bruit continuel mais gonflé

17 continu mais renflé par intervalles은 직전 명사 bruit를, frappant 이하 yeux까지의 분사구는 주어인 flux et reflux와 bruit를 수식하고 있다.

18 continuellement

19 ajoutaient

20 faisait expirer

21 몽상에 잠겨 있는 순간이 아니면 늘 내적인 동요(mouvements internes)에 시달리고 있었다는 말이 되는데, 아닌 게 아니라 루소의 사유는 처음부터 끝까지 자기 시대를 벗어나 있었다. 마음의 격정은 많은 경우 울분이었다.

22 étaient suffisantes

23 apprécier

24 우리말 '기꺼이'와 기계적으로 맞바꾸는 것은 이 문맥에서는 적합하지 않다. 말의 원래 의미를 되새겨 이해해 보자.

25 sans me donner la peine de penser

26 Par moment

27 시간 부사구를 문두에 위치시킴으로써 동사와 긴 주어 간의 도치를 자연스럽게 만들어 주고 있다. 비인칭 주어 il을 사용하여 조금 다른 방식으로 어순을 구성할 수도 있다 : Il naissait de temps à autre quelque faible et ...

28 se manifestait quelque chétive et brève réflexion

29 관계대명사 이하의 형용사절이 수식하는 선행 명사는 monde, choses, instabilité 중 어느 것일까? 그 대

mais bientôt[31] ces impressions légères s'effaçaient[32] dans l'uniformité[33] du mouvement continu qui me berçait[34], et qui[35] sans aucun concours actif de mon âme[36] ne laissait pas de[37] m'attacher au point[38] qu'appelé[39] par l'heure et par le signal convenu[40] je ne pouvais m'arracher[41] de là[42] sans effort[43].

답은 형용사절의 내용이 결정할 것인데, '(호수의 흔들리는) 수면이 그 영상을 제공하는' 이 세상? 일들(사물들)? 불안정성? 이것을 결정하기 위해서는 명사 image의 정확한 의미를 짚어야 한다. 그 가장 일차적인 뜻은 '(눈에 보이게끔 드러나는) 모습'이다. 그러니까 'l'image de …'라는 표현은 …가 그 자체로는 눈에 보이지 않는 것임을 전제한다. 예컨대 '아름다움'은 그 자체로 어떤 모습을 가지고 있지 않은 하나의 개념이다. 그렇기 때문에 흔히 눈에 보이는 '꽃'을 동원하여 그것을 눈에 보여 주고자 한다. 그래서 "꽃의 이미지는 아름다움이다"라는 말은 어불성설이며 "꽃은 아름다움의 한 이미지이다"가 정확한 표현이다. l'instabilité des choses de ce monde를 '세상사의 부질없음' 정도로 옮기고 나면 한편으로 루소의 심정이 느껴지기도 한다. 위의 '아름다움 : 꽃'의 예에 대입하자면 '부질없음 : (흔들리는) 수면'의 관계이다. 참고로, 프랑스인들은 명사 image를 다음과 같은 뜻으로도 흔히 쓴다 : J'aimerais bien qu'on ait une image sur le mur. 벽에 그림이 하나 있었으면 좋겠군.

30 la surface de l'eau me donnait l'image en offrande

31 très rapidement

32 disparaissaient

33 여기서는 단조로움이라는 뜻이다. 하지만 monotonie는 'mono(단 하나의) + ton(소리, 음색)', 즉 들려오는 소리에 대해 쓰는 말이고, 루소의 대상은 찰랑대는 물결의 형태적 특성이므로, 'uni + forme'라는 수식어가 논리적으로 더 적합하였다. 어휘 선택에서 저자의 논리적 엄정함을 느낄 수 있다.

34 어르다

35 연속되는 두 형용사절(qui …)의 선행사를 uniformité로 볼 것인가, mouvement으로 볼 것인가? 동사 berçait의 의미를 생각하면 mouvement인 듯하고, attachait의 의미를 생각하면, 또 앞에 나온 dont 형용사절의 선행사 instablilité에서 이어지는 리듬을 생각하면 uniformité 같기도 하다.

36 sans aucune entremise de mon âme

37 ne cessait de : 동사 laisser의 일반적인 의미 용법이나 사역동사의 용법이 아니라 〈ne pas laisser de + inf.〉(어김없이 …하다)로 굳어진 하나의 숙어이다.

38 à tel point

39 우선 (au point) que가 나왔으니 이하에 〈주어 + 동사〉가 나올 것을 기대하며 읽어 나가야 한다. 그런데 appelé라는 과거분사로 시작하는 분사구가 먼저 길게 제시되어 의미 파악이 쉽지는 않다. 〈주어 + 동사〉 부분의 의미는 '애쓰지 않고서는 나는 거기에서 벗어날(빠져나올) 수 없었다'이다. 분사구 부분은, 타동사의 과거분사 appelé 앞에 étant을 보충하여 이해할 수도 있다. '(내가) 시간에 의해 또 약속된 신호에 의해 부름을 받으면서(받을 때)/받아서/받았지만…' 중 어느 것이 어울릴까는 〈주어 + 동사〉 부분의 의미와의 관계에 따라 판단한다.

40 rappelé par le temps

41 m'extraire

42 de là는 de l'uniformité du mouvement continu를 대리하고 있는데, 더 간단히 en으로 대리하여 m'en arracher라고 쓸 수도 있었으나, 그렇게 쓰면 안 그래도 매우 개념적인 문맥 속에서 의미 전달이 모호해질 것을 염려하여, 조금은 친절하게 de là로 대리한 것으로 보인다.

43 sans devoir fournir un véritable effort

(...)

J'ai remarqué dans les vicissitudes[44] d'une longue vie que les époques des plus douces jouissances et des plaisirs les plus vifs[45] ne sont pourtant[46] pas celles dont le souvenir m'attire et me touche le plus[47]. Ces courts moments de délire[48] et de passion, quelque vifs qu'ils puissent être[49] ne sont cependant, et par leur vivacité même[50], que des points bien clairsemés dans la ligne de la vie[51]. Ils sont trop rares et trop rapides pour[52] constituer un état[53], et le bonheur que

---

44 bouleversements

45 두 명사구 les jouissances와 les plaisirs를 두 최상급 형용사 les plus douces와 les plus vifs가 각각 수식하고 있는데, 한 번은 형용사가 실사 앞에 놓이고 또 한 번은 뒤에 놓였다. 실사와 최상급 형용사 부가어 간의 전후 위치는 일반적으로 자유로우며, 선택에 따른 뉘앙스 차이도 거의 없다. 최상급 형태로 붙은 형용사이지만, 꼭 '가장 …한'이라고 옮길 필요는 없다. 실제 의미는 그저 '참 …한' 또는 '매우 …한' 정도로 강조한 것이다.

참고로, époques를 '시대'로 먼저 옮기게 되는데, 영어의 epoch의 영향일 것이다. 어휘의 수가 훨씬 적은 프랑스어 단어들 중 상당수는 그것의 등가물에 해당하는 **영어 단어**보다 훨씬 더 일상적인 의미를 갖는 경우가 많다. 가령 plat **principal**이나 Paul est très **intelligent**을 '주요 요리', '폴은 매우 지적이야'라고 옮기지 않는다. 프랑스어에는 *main (dish)*이나 *smart*에 해당하는 어휘가 따로 없기 때문이다. 여기에서의 époque도 '시대'보다는 '시절'로 옮기는 게 낫다.

46 부사 pourtant, cependant, donc 등은 부정어 pas와 함께 쓰일 때 일반적으로 pas 바로 앞에 놓인다. 가령 '나는 먹는다, 그러므로 나는 살아 있다'를 pas mort(e)를 써서 말해 보면 다음과 같다 : Je mange, je (ne) suis **donc pas** mort(e).

47 les époques des jouissances les plus douces et des plaisirs les plus ardents ne sont cependant ni celles que ma mémoire retient ni celles qui me touchent le plus

48 Ces brefs moments imprégnés de délire

49 aussi ardents qu'ils puissent être

50 par leur propre vivacité

51 des pointillés très dispersés sur la ligne continue de la vie

52 종종 〈pour …〉에 의해 보충되어 쓰이는 대표적인 부사가 assez와 trop이다. 두 부사는 자체로 동사의 분량을 나타낼 수도(Ils ont assez / trop parlé), 형용사나 다른 부사(구) 앞에 올 수도(Ils ont parlé assez / trop lentement), 전치사 de를 동반하여 명사를 가져올 수도(Ils ont parlé assez de langues étrangères / Ils ont dit trop de mensonges) 있다. 그리고 pour 다음에 올 수 있는 말들의 형태는 (대)명사(구), 동사의 inf., 〈que + 절〉 등의 세 가지이다. trop는 우리말의 '너무'처럼 긍정적으로 쓰일 때가 없는 것은 아니나 기본적으로 '과도하게'의 부정적 의미를 갖고 있다. 가령 Laurent est trop beau, non ?은 '로랑, 너무 잘생겼지 않니?'의 의미보다는 '로랑은 너무 잘생겨서 좀 … 안 그래?'의 의미로 받아들여야 한다.

53 Du fait de leur rareté et de leur rapidité, ils n'en constituent pas un état

mon cœur regrette n'est point composé d'instants fugitifs[54] mais[55] un état simple et permanent, qui n'a rien de vif en lui-même[56], mais dont la durée accroît le charme[57] au point d'y trouver[58] enfin[59] la suprême félicité[60].

Tout est dans un flux continuel sur la terre. Rien n'y garde une forme constante et arrêtée[61], et nos affections qui s'attachent aux choses[62] extérieures[63] passent et changent nécessairement[64] comme elles. Toujours en avant ou en arrière de nous[65], elles rappellent[66] le passé qui n'est[67] plus ou préviennent[68] l'avenir qui souvent ne doit[69] point être[70] : il n'y a rien là[71] de solide[72] à quoi[73] le cœur se puisse[74]

54 éphémères

55 mais와 un état 사이에 le bonheur est가 생략되었다.

56 qui ne possède rien d'ardent en lui-même

57 dont le charme est souligné par la durée

58 y는 dans l'état를 대리한 것으로 이해할 수 있지만, 동사 trouver의 동작주(의미상의 주어)가 무엇인지 상상해야 한다.

59 au final

60 une quiétude absolue

61 Rien n'y conserve une constance, rien n'y est arrêté

62 '사물들'로 옮기는 것보다는 '것들' 또는 '일들'로 이해하는 것이 적절할 때가 많다.

63 envers les choses extérieures

64 inévitablement

65 Nous devançant ou nous succédant toujours

66 convoquent

67 동사 être가 단독으로 '존재하다'의 의미로 쓰이는 이와 같은 경우는 일상어에서는 매우 드물다. 문어에서도 대부분의 경우 ne plus와 함께 쓰여 '지금은 없다'의 의미를 구성한다. 가령 편지글에서는 다음과 같이 쓰인다 : Je **(ne) serai plus** lorsque tu liras cette lettre.

68 여기서는 '미리 앞당겨 예견하다' 정도의 의미로 쓰였다.

69 필연, 숙명 또는 예정을 의미하는 devoir로 이해한다 : 있지도 (오지도) 않을 미래.

70 qui souvent n'a point de raison d'être

71 '여기에는, 이것들에는'이라는 의미인데, 굳이 반복하자면, en elles 또는 dans nos affections으로 쓸 수도 있을 것이다. 이런 경우 보통은 중성대명사 y가 대리하는데, 여기에서는 부사 là가 대리한 이유는 실제 지시 기능이 없는 y가 포함된 동사구 il y a가 이미 쓰여서 다시 한번 y로 대리하는 것이 불가능했기 때문이다.

72 il n'existe rien sur terre de solide

73 부정대명사(pronom indéfini) rien을 전치사 de로 연결된 형용사 solide와 〈전치사 à + 관계대명사 quoi〉가 이끄는 형용사절이 수식하고 있다. 남성 혹은 여성으로 분류되지 않은 부정대명사류가 선행사로 오는 경우 〈전치사 + lequel/laquelle/lesquels/lesquelles〉의 관계대명사를 쓸 수가 없다. 만약 rien

attacher[75]. Aussi n'a-t-on guère ici bas[76] que du plaisir qui passe[77] ; pour[78] le bonheur qui dure je doute qu'il y soit connu. À peine[79] est-il dans nos plus vives jouissances[80] un instant où le cœur puisse véritablement nous dire[81] : Je voudrais[82] que cet instant durât toujours ; et comment peut-on appeler bonheur[83] un état fugitif qui nous laisse encore le cœur inquiet[84] et vide[85], qui nous fait[86] regretter quelque

---

대신에 une chose를 써서 정반대의 의미로 '이것들에는 마음이 안착할 수 있는 견고한 것이 하나 있다'라는 의미로 다시 말해 보면 il y a là une chose solide à laquelle le cœur …가 될 것이다. (부사 là의 위치가 옮겨 가게 되는 것도 눈여겨보자. 참고로, 본문의 경우 il n'y a là rien de …로 쓸 수도 있다.)

74 우선, 이 18세기 방식의 어순을 현대 프랑스어 어순인 puisse s'attacher로 바꾸어 이해한다. 그리고 peut 대신에 puisse를 쓴 것은 마음이 안착할 수 있는 것이 아무것도 없다고 말하고 있는 만큼, 실제로 s'attacher하는 행위가 일어날 수 없다고 전제되기 때문이다. 이는 동사의 직설법 활용과 접속법 활용을 가르는 주요 요소 중 하나이다.

75 à quoi le cœur puisse s'amarrer, s'accrocher

76 현대 프랑스어에서는 ici와 bas를 trait d'union(-)으로 연결하여 ici-bas로 쓴다.

77 Aussi il n'y a guère que du plaisir qui passe ici bas

78 한 명사구를, 주제로 먼저 환기시켜 두고 다시 주문장에서 그 명사구를 대명사로 대리하여 말할 때, 이처럼 전치사 pour를 사용하여 부사구로 만들어 미리 첨언한다. 만약 이러한 주의 환기 작업 없이 평범하게 말했다면 je doute que le bonheur durable y soit connu.(나는, 이곳에서는 지속적인 행복이 알려져 있다고 믿지 않는다)라고 썼을 것이다. 그렇다고 해서 본문을 우리말로 옮길 때, '지속되는 행복에 대해 말하자면 나는 그런 것이 이 땅에 …'로 옮기는 것은 지나치게 강조한 것이 된다. '지속적인 행복이란 것이 이 땅에 …'와 같이 살짝 부각시키는 정도가 가장 적절하다. soit connu도 직역하자면 '알려져 있다'이지만 '알려진 것이 있다', 즉 우리 표현으로는 '듣거나 본 바 있다'의 의미로 썼다.

79 부사구 à peine(힘들게, 쉽지 않게)의 몇몇 의미기능 중 가장 단순한 것이라 할 수 있다 : À peine viennent-elles chez nous. 그녀들이 우리 집에 오는 일은 어렵사리 일어난다, 즉 거의 오는 일이 없다. 이 간단한 예문에서 보듯이 à peine이 문두에 오면 〈동사 + 주어〉의 도치 형태가 흔히 따른다. 이러한 도치 형태를 논외로 하고 이하 문장의 주요 요소를 단순화하여 다시 써 보면 il est … un instant …이 그 뼈대이나. 내용상의 주어인 un instant을 직접보어(즉 목적어) 자리로 후치시키고 주어 자리에 아무런 지시 기능이 없는 비인칭 il을 썼다(un instant이 존재한다). 프랑스어에서는 수동태 구문을 포함하여, 직접보어가 없는 대부분의 자동사 구문을 (물론 몇몇 제약 아래에서) 이러한 비인칭 il 구문으로 전환하여 쓸 수 있다 : Des voitures noires sont arrivées를 Il est arrivé des voitures noires.

80 Il y a à peine dans nos jouissances les plus vives

81 où le cœur ait la véritable possibilité de nous dire

82 souhaiterais

83 désigner du terme de bonheur

84 le cœur inquiet라고 하면 inquiet는 le cœur를 직접 수식하는 부가형용사이다. 그런데 laisser le cœur inquiet의 경우는 'le cœur를 inquiet한 채로 남기다'라는 뜻이 된다. 후자의 inquiet는 속사형용사 (adjectif attribut)인 셈이다.

85 qui laisse encore notre cœur plein d'inquiétude et de vide

86 pousse à

chose avant[87], ou désirer encore quelque chose[88] après ?

Mais[89] s'il est un état où l'âme trouve[90] une assiette assez solide pour s'y reposer[91] tout entière[92] et rassembler là tout son être, sans avoir besoin de rappeler le passé ni d'enjamber sur l'avenir[93] ; où le temps ne soit rien pour elle[94], où le présent dure toujours sans néanmoins marquer sa durée[95] et sans aucune trace de succession, sans aucun autre sentiment de privation ni de jouissance, de plaisir ni de peine, de désir ni de crainte que[96] celui seul[97] de notre existence,

87 이어지는 après와 함께, 형용사가 아니기에 de에 의해 매개되지 않았다. 각각의 의미는 '앞에 지나간 어떤 것' 및 '뒤에 올 어떤 것'이다. 조금 무거운 표현이 되겠지만 각각 quelque chose d'antérieur 및 quelque chose de postérieur로 바꾸어 쓸 수도 있다.

88 d'autres choses

89 열 줄이 넘는 문장이니 긴 호흡으로 준비해야 한다. 핵심 부분들을 추려 보면 다음과 같다.
... s'il est un état où ... (주어1 + 동사1) ... ; où ... (주어2 + 동사2) ... , où ... (주어3 + 동사3) ... , et que ... (주어4 + 동사4) ... ; tant que ... (주어5 + 동사5) ... celui qui ... (동사6) ... peut s'appeler heureux ... non d'un bonheur ... mais d'un bonheur ... qui ... (동사7) ...
주어1이 동사1하는, 주어2가 동사2하는, 주어3이 동사3하는, 그리고 주어4가 동사4하는 어떤 상태가 있다면, 주어5가 동사5하는 한, 동사6하는 사람은 자신을 행복하다고 칭할 수 있다 …한 행복이 아닌, 동사7하는 …한 행복으로.

90 un état를 수식하는 연속되는 총 네 개의 형용사절 속의 동사는 모두 접속법으로 활용되었다. 그러한 상태가 '만약에 있다면', 즉 현실적 개연성이 매우 낮은 것을 전제로 말하고 있기 때문이다.

91 '쉬다'의 se reposer와 '거기에서'의 y로 구성된 것으로 이해해도 문제는 없으나, 이 문맥에서는 동사 reposer를 조금 더 종합적으로 느끼는 것도 가능하다. 즉 동사 poser의 원래의 의미(두다, 내려놓다)를 살려서 '영혼이 스스로를 그 위에 (편안히) 내려놓을 수 있을 만큼 충분히 단단한 받침대'의 뉘앙스를 읽어내는 것이 바람직하다.

92 우리말로는 '온전히, 고스란히, 전체가' 등 여러 표현으로 옮길 수 있는데, 주목해야 것은 entière가 부사가 아니라 형용사라는 점, 그리고 그것이 주어 l'âme를 부연 수식하고 있다는 점이다. 앞에 붙은 tout는 entière를 강조하는 부사 tout인데, 꼭 강조를 하기 위해서 붙였다기보다는 형용사 한 단어만으로는 주어에 대한 부연 서술어라는 점이 전달되기 어렵기 때문에 구를 구성한 것이다. 가령, '그녀는 혼자서 아침 먹는다'라고 말하기 위해 Elle prend son petit déjeuner seule이라고 말하기보다 seule 앞에 한 단어를 더해 Elle prend son petit déjeuner toute seule이라고 말하면 toute seule이 주어에 대한 보충어라는 사실이 더 명료하게 전달된다.

93 En revanche, s'il existe un état où l'âme peut s'asseoir solidement afin d'y trouver le repos tout entière et réunir là tout son être, sans qu'il lui faille nécessairement se rappeler le passé ou se projeter dans l'avenir

94 où le temps n'ait pas de mainmise sur elle

95 où le présent dure toujours sans toutefois souligner sa durée

96 que 이하는 윗줄의 형용사 autre를 보충하는 보어이다.

et que[98] ce sentiment seul puisse la remplir[99] tout entière[100] ; tant que cet état dure celui qui s'y trouve peut s'appeler[101] heureux, non d'un bonheur imparfait, pauvre et relatif, tel que celui qu'on trouve dans les plaisirs de la vie[102] mais d'un bonheur suffisant, parfait et plein[103], qui ne laisse dans l'âme aucun vide qu'elle sente le besoin de remplir[104]. Tel est l'état où je me suis trouvé souvent[105] à l'île de Saint-Pierre dans mes rêveries solitaires, soit[106] couché dans mon bateau[107] que je laissais dériver au gré de l'eau, soit assis sur les rives du lac agité[108], soit ailleurs[109], au bord d'une belle rivière[110] ou d'un ruisseau murmurant sur le gravier[111].

97 일반적으로 celui 계열의 지시대명사는 형용사가 붙을 수 없으나 예외적으로 seul이 붙었다. 결과적으로는 le seul sentiment de …를 대리하고 있는데, 생각해 보면 seul은 일정한 의미를 갖고 있는 일반적인 형용사들, 가령 profond, haut, véritable 등과는 성격이 다르다는 점을 주목하자.

98 이 que는 반복되는 관계사 où를 대신해서 쓰였다. 이 경우와는 다르지만, 되풀이되는 접속사(구)를 대신하는 용법은 프랑스어에서 매우 일반적이다 : Quand il me prend dans ses bras, qu'il me parle tout bas, je vois la vie en rose. 그가 나를 품에 안고서 내게 낮게 속삭이면 난 삶이 온통 핑크빛으로 보여.

99 garnir

100 tout entière가 직접보어 la에 대한 부언 수식 기능을 하고 있다.

101 se dire

102 comme celui procuré par les plaisirs de la vie

103 impeccable et rassasié

104 aucun vide à combler

105 C'est bien là l'état dans lequel je me suis souvent senti

106 soit A, soit B (, soit C) : A이든 B이든 (C이든). 여기서는 A 및 B (및 C)가 동사 se trouver를 수식 제한하는 부사구로 기능한다.

107 soit lorsque j'étais allongé sur mon bateau

108 soit lorsque j'étais assis sur le rivage du lac agité

109 soit lorsque je me trouvais ailleurs

110 à côté d'une belle rivière

111 sur les cailloux

QUELQUES EXERCICES

1. 보기에 주어진 표현들을 사용하여 각 문장을 완성하시오.

보기) n'importe comment / d'autres / quelques-unes / n'importe lequel / plusieurs / l'une / certains / une autre / n'importe quoi / l'autre / des autres / n'importe où

1) Ne laisse pas traîner tes affaires ___________.

2) L'ampoule de cette lampe est grillée ; il faut en mettre ___________.

3) Il ne réfléchit pas assez. Il dit souvent ___________.

4) Ces chaussures me vont bien mais j'aimerais en voir ___________.

5) Elle ne s'intéresse pas à la mode. Elle s'habille vraiment ___________.

6) Parmi les touristes, ___________ voulaient acheter des souvenirs mais la plupart voulaient se reposer.

7) La plupart des villes ont une gare, mais _______________ en ont ___________.

8) Tous ces autobus vont à la faculté. Tu peux prendre ___________.

9) Pour aller de Nice à Menton, il y a deux routes : ___________ suit la côte, ___________ passe par l'intérieur des terres.

10) La nourrice a donné à Juliette les jouets ___________ petites filles qu'elle garde.

2. 주어진 우리말의 뜻이 되도록 빈칸을 채우시오.

1) 언젠가 어느 베르니사주(전시회 오프닝파티)에 갔었는데, 옆에 있는 남자에게 그림 하나를 가리키며 내가 그랬죠. "여섯 살 먹은 우리 아들도 이보단 더 잘 그리겠소!" 잠시 후 그 남자가 그걸 그린 화가란 걸 알았어요. 사과하는 뜻으로 그 그림을 샀답니다.

Un jour, j'________ à un vernissage, et j'ai dit à mon ________ en lui ________ un tableau : "Mon fils ________ ________ six ans dessinerait ________ ________ ça !" Un ________ ________ tard, je ________ suis a________ que mon ________ était en réalité ________r du tableau ! Pour me ________ pardonner, j'ai ________ le tableau.

2) 검은 고양이를 보면 불길하다고들 한다. 다행히, 다른 색깔의 고양이는 괜찮다… 거미는 언제 보느냐에 따라 길하기도 불길하기도 하다. 그래서 이런 속담이 있다. "오전 거미, 슬픔. 밤 거미, 희망."

________ ________ que ________ un chat ________ porte malheur. ________, les chats ________ ________ couleur ne présentent ________ danger... L'araignée peut apporter ________ ou malheur : cela ________ du ________ ________ on la voit. D'________ le proverbe :

"Araignée du mat________, chagr________. Araignée du s________, esp________."

LECTURES COMPLÉMENTAIRES

Préface des *Confessions*[1]

Je forme une entreprise qui n'eut jamais d'exemple, et dont l'exécution n'aura point d'imitateur[2]. Je veux montrer à mes semblables un homme dans toute la vérité de la nature, et cet homme, ce sera moi[3].

Moi seul[4]. Je sens mon cœur, et je connais les hommes[5]. Je ne suis fait comme aucun de ceux que j'ai vus[6] ; j'ose croire n'être fait comme aucun de ceux qui existent[7]. Si je ne vaux pas mieux, au moins je suis autre[8]. Si la nature a bien ou mal fait de briser le moule dans lequel elle m'a jeté, c'est ce dont on ne peut juger qu'après m'avoir lu[9].

Que la trompette du jugement dernier sonne quand elle voudra, je viendrai, ce livre à la main, me présenter devant le souverain juge[10]. Je dirai hautement[11] : Voilà ce que j'ai fait, ce que j'ai pensé, ce que

1 최초의 근대적 자서전이라고 불리는 루소의 『고백*Les Confessions*』의 서문에 해당하는 부분이다.

2 Mon dessein(=but, objectif, intention) n'a encore jamais eu d'exemple, et son exécution n'aura point d'imitateur.

3 Je désire montrer à mes semblables la nature véritable d'un homme, il s'agira de moi.

4 Seulement moi.

5 Je comprends mon cœur, et je connais la nature les hommes.

6 Je ne suis bâti comme personne de ma connaissance

7 j'ose croire être différent de ceux qui existent

8 À défaut de valoir mieux, je suis autre.

9 On ne pourra juger qu'après m'avoir lu si la nature a bien ou mal fait de briser le moulage dans lequel elle m'a projeté.

10 La trompette du jugement dernier pourra bien sonner quand elle le souhaitera, je me présenterai, ce livre entre les mains, devant le souverain juge.

je fus[12]. J'ai dit le bien et le mal avec la même franchise[13]. Je n'ai rien tu[14] de mauvais, rien ajouté de bon[15] ; et s'il m'est arrivé d'employer quelque ornement indifférent, ce n'a jamais été que pour remplir un vide occasionné par mon défaut de mémoire[16]. J'ai pu supposer vrai[17] ce que je savais avoir pu l'être, jamais ce que je savais être faux. Je me suis montré tel que je fus : méprisable et vil quand je l'ai été ; bon, généreux[18], sublime[19], quand je l'ai été : j'ai dévoilé mon intérieur tel que tu l'as vu toi-même. Être éternel, rassemble autour de moi l'innombrable foule de mes semblables[20] ; qu'ils écoutent mes confessions, qu'ils gémissent[21] de mes indignités, qu'ils rougissent[22] de mes misères. Que chacun d'eux découvre à son tour son cœur au pied de ton trône avec la même sincérité[23], et puis qu'un seul te dise, s'il l'ose[24] : Je fus meilleur que cet homme-là.

11 à voix haute
12 Voilà mes actions, mes pensées, mon état.
13 C'est avec une franchise égale que j'ai dit le bien et le mal.
14 le participe passé de « taire »
15 Je ne me suis pas tu sur les mauvaises choses, je n'ai rien ajouté sur les bonnes
16 s'il a pu m'arriver d'user de quelque embellissement indifférent, c'était seulement dans le dessein de combler un vide provoqué par mon manque de mémoire
17 Il m'a été possible de supposer vrai
18 charitable
19 admirable
20 réunis autour de moi mes innombrables semblables
21 geignent, se plaignent à haute voix
22 qu'ils aient honte
23 Que chacun d'eux découvre à son tour son for intérieur devant ton trône avec une franchise égale
24 et puis, qu'une seule personne ose te dire

Leçon 9

Notre Emma[1]

La journée fut[2] longue[3], le lendemain[4] ! Elle se promena dans son jardinet, passant et revenant par les mêmes allées[5], s'arrêtant[6] devant les plates-bandes[7], devant l'espalier[8], devant le curé de plâtre[9], considérant[10] avec ébahissement[11] toutes ces choses d'autrefois qu'elle connaissait si bien. Comme[12] le bal déjà lui semblait loin[13] ! Qui donc écartait, à tant de distance, le matin d'avant-hier et le soir d'aujour-

1 플로베르(Gustave Flaubert)가 1856년 『마담 보바리 *Madame Bovary*』를 씀으로써 서양 현대 소설의 문을 열었다고 해도 지나친 말은 아니다. 여기에 제시한 부분은 1부 8장과 9장에 걸친 것이다. 이 대목은 19세기 서구 역사의 전면에 등장한 부르주아 계층의 범속한 삶, 그 지루한 일상의 정경과 조건들에 염증을 느끼고 있던 엠마가 보비에사르(Vaubyessard) 성에서 열리는 귀족의 무도회에 우연히 초대받아 갔다 온 뒤 그곳에서 경험한 낭만적인 추억을 쉽게 정리하지 못하는, 그래서 근면, 노동, 가족, 일상, 절약, 성실 따위의 부르주아 덕목들에 쉽게 발맞추지 못하고 흔들리는 엠마의 내면을 잘 드러내는 유명한 대목이다. 엠마처럼 살고 죽을 필요는 없겠지만, 엠마를 공감하고 용서하지 못하는 정신이란 얼마나 척박한지를 짐작해 볼 수 있다.

2 단순과거(passé simple)는 전통적으로 소설의 기본 시제이다. 프랑스의 어린이들은 학교에 들어가기 전 동화책을 통해 처음 접하는 경우가 많아서 '책 속에 나오는 과거시제' 정도로 가볍게 느끼면서 자연스럽게 익히는 시제이기도 하다.

3 journée는 해가 떠서 지기까지의 낮 동안을 이르는 말이다. 일상적으로 흔히 하는 말이긴 하지만, 물리적으로 비교적 일정한 길이를 갖는 une journée가 어느 날 유난히 길었다는 말로 시작하는 첫 문장을 통해 우리는 소설의 세계에 들어와 있음을 단번에 확인하게 된다.

4 Le lendemain, longue fut la journée !

5 traversant plusieurs fois les mêmes allées

6 faisant une pause

7 bosquets

8 le treillage : 나무 울타리

9 la statue de plâtre du curé : 석고 신부상

10 observant

11 avec surprise. ébahir / ébahissement은 사전에는 '깜짝 놀라다/놀람'으로 나와 있지만 문맥상 새삼스럽거나 '어머!' 하는 느낌 정도로 받아들여야 한다.

12 〈주어 + 동사 …〉 앞에 comme, que, ce que, qu'est-ce que 등이 와서 감탄문을 이끈다.

13 Oh, le bal lui semblait tellement loin, maintenant !

d'hui[14] ? Son voyage à la Vaubyessard avait fait un trou dans sa vie[15], à la manière de[16] ces grandes crevasses qu'un orage, en[17] une seule nuit, creuse quelquefois dans les montagnes. Elle se résigna pourtant ; elle serra[18] pieusement dans la commode sa belle toilette[19] et jusqu'à[20] ses souliers de satin, dont la semelle s'était jaunie à la cire glissante du parquet[21]. Son cœur était comme eux : au frottement de la richesse[22], il s'était placé dessus[23] quelque chose qui ne s'effacerait pas[24].

Ce fut donc une occupation[25] pour Emma que[26] le souvenir de ce bal[27]. Toutes les fois que revenait le mercredi[28], elle se disait[29] en s'éveillant : « Ah ! il y a huit jours... il y a quinze jours..., il y a trois semaines, j'y étais ! »[30] Et peu à peu[31], les physionomies[32] se

14 Qui était donc celui qui éloignait tant le matin de l'avant-hier et le soir de ce jour ?
15 Un trou dans sa vie s'était formé par son séjour à la Vaubyessard
16 comme
17 소요 기간을 나타내는 말을 이끄는 전치사 : Rome ne s'est pas faite en un jour.
18 serrer : 사전을 찾아도 적당한 뜻을 발견할 수 없는 경우도 있는데, 이 문맥에서는 '(꼭꼭) 접어 넣(어두)다'의 뜻으로 썼다.
19 장신구
20 même. 다음에 나올 souliers de satin에 긴 관계절을 붙일 의도가 있으므로, 단순히 et만으로 연결하는 것에 그치지 않고 jusqu'à를 동원하여 독자의 주의를 끌었다.
21 au contact de la cire du parquet glissant. 무도회장 마룻바닥에 칠해 놓은 매끄러운 초가 신발 밑창에 노랗게 배어든 상태를 묘사하고 있다.
22 au contact de la richesse
23 전치사가 아니라 '그 위에'라는 의미의 부사이다. 따라서 quelque chose는, 통사적으로 말하자면 이 문장에서 중심적인 역할을 하는 명사이다. 쉽지 않은 문장인데, 그 뼈대만 뽑아 나열해 보면 〈il + se placer + quelque chose〉이다. 대명사 il이 son cœur를 지칭하는 것이 아니다.
24 좀처럼 그 맛이 잊히지 않는 정황을 절묘하게 기술한 문장이다.
25 소일거리
26 일종의 연결사 기능을 하는 que를 동원한 탈구(dislocation)이다. '건강은 보화다(La santé est un trésor)'를 C'est un trésor que la santé라고 말하기도 한다.
27 Le souvenir de ce bal fut donc une occupation pour Emma.
28 À chaque mercredi qui revenait
29 s'exclamait
30 « Ah ! Cela fait huit jours... Cela fait quinze jours..., cela fait trois semaines, que j'y étais ! »
31 Et avec le temps
32 (사람들의) 얼굴 모습(표정)들. 우리말과는 달리 단수와 복수를 구분해 쓰는 습관 덕에 '사람들의'에 해

confondirent dans sa mémoire[33], elle oublia l'air[34] des contredanses[35], elle ne vit plus si nettement les livrées[36] et les appartements[37] ; quelques détails s'en allèrent, mais le regret lui resta[38].

[...]

Au fond de son âme, cependant, elle attendait un événement[39]. Comme les matelots en détresse[40], elle promenait[41] sur la solitude de sa vie des yeux désespérés[42], cherchant au loin quelque voile blanche dans les brumes de l'horizon[43]. Elle ne savait pas quel serait[44] ce hasard, le vent qui le pousserait jusqu'à elle, vers quel rivage il[45] la mènerait[46], s'il était

당하는 구체적 표현이 없이 간결하게 les physionomies라는 〈정관사 + 복수명사〉만으로도 그런 의미를 전달한다.

33 sa mémoire confondit progressivement les physionomies

34 la mélodie

35 l'air des contredanses : 카드리유 춤곡

36 le vêtement des domestiques dans les grandes maisons

37 elle ne distingue presque plus ni les livrées ni les appartements

38 et si certains détails la quittèrent, le regret lui resta

39 '사건'이라는 일차적인 의미보다는 '어떤 일' 혹은 '이벤트'라는 의미로 이해한다.

40 les matelots en détresse : 조난당한 선원들

41 익숙한 동사 promener를 '바로 이 한 단어!'라고 느껴질 만큼 적합한 표현으로 동원하고 있다. 성급하게 '산책'으로 번역해서는 안 된다. 뉴스 리포터가 마이크를 들고 지나가는 이 사람 저 사람에게 내밀어 의견을 구하는 것을 프랑스어로는 promener le micro (parmi les passants)라고 말하기도 한다. le micro에 해당하는 직접보어가 이 문장에서는 어디에 숨어 있는지를 찾아내면, 플로베르가 조탁해 낸 문장의 아름다움을 느낄 수 있다.

42 Tels ceux d'un matelot en détresse, ses yeux désespérés se promenaient sur la solitude de sa vie

43 surveillant au loin s'il n'y avait pas quelque voile blanche qui se distinguait dans l'horizon brumeux

44 반과거로 된 본동사 savait 이하의 연속되는 세 동사(serait / pousserait / mènerait)의 조건법은 이른바 '과거에서의 미래'를 나타내는 표현이다 : Elle m'a dit qu'elle ne ***viendrait*** pas. (Elle m'a dit : "je ne viendrai pas.")

45 여기의 il과 곧이어 나오는 il, 그리고 이 단락이 끝날 때까지 나오는 le와 il은 모두 ce hasard(단순히 '우연'이 아니라 '우연히 생기는 일')를 대리한다.

46 Quel serait ce hasard, quel vent le pousserait jusqu'à elle, vers quel rivage il la mènerait, tout cela, elle n'en savait rien.

chaloupe ou vaisseau à trois ponts, chargé d'angoisses ou plein de félicités jusqu'aux sabords[47]. Mais, chaque matin, à son réveil[48], elle l'espérait pour la journée, et elle écoutait[49] tous les bruits[50], se levait en sursaut[51], s'étonnait[52] qu'il ne vînt[53] pas[54] ; puis, au coucher du soleil[55], toujours plus triste, désirait être[56] au lendemain[57].

Le printemps reparut[58]. Elle eut des étouffements aux premières chaleurs, quand les poiriers fleurirent[59].

Dès le commencement de juillet, elle compta sur ses doigts[60]

---

47 chaloupe : 쪽배 / vaisseau à trois ponts : 삼층 갑판의 대형 유람선 / jusqu'aux sabords : 뱃전에까지

48 en se réveillant

49 무슨 소리만 나도 귀를 쫑긋 세우는 엠마의 이미지를 상상할 수 있다.

50 elle restait attentive aux moindres bruits

51 sursautait

52 étonner / s'étonner / étonnement : '놀람'이라는 말 대신 다른 표현을 생각할 필요가 있을 때가 많다. 가령, '컴퓨터가 또 안 되네. — 그래? 이상하네(그럴 리가)! 방금 전에 잘 됐는데'와 같은 문장은 Encore ! L'ordi ne marche plus — Ah bon ? Ça m'***étonne*** bien. Il a bien marché tout à l'heure. 본문에서는 기다리던 '우연한 일'이 예상대로 찾아오지 않음에 따른 약간의 실망감을 '으응? 왜 아무 일도 안 생기지?' 정도의 의아함으로 표현하고 있다.

53 일상 구어에서는 좀체 들어볼 수 없는 이른바 접속법반과거(imparfait du subjonctif)이다(일상에서는 주로 접속법현재가 대신한다). 여기서는 문장의 본동사가 과거시제(s'étonnait)로 되어 있는 만큼 현재를 쓸 수 없었고, 그에 앞서 que 절에 담길 내용이 주어나 화자가 느끼는 주관적 감정(여기서는 의아함)의 근거에 해당하는 경우여서 접속법이 요구되었다.

54 s'étonnait de ne pas le voir venir

55 lorsque le soleil se couchait

56 부정법으로 제시된 이 être의 의미상의 주어는 무엇(누구)일까? 단순화하여, Je désire une glace. / Je désire voir un bon film. / Je désire que tu viennes me voir.라는 문장에서, désirer의 직접보어에 동사가 들어갈 때 그 동사의 동작주체가 désirer의 주어와 동일인일 때 inf.를, 다른 사람일 때 〈que 주어 + 동사〉를 쓴다. 그러므로 본문에서도 être의 동작주는 엠마이다. 번역은 '그녀는 어서 다음날이 되기를/오기를 바랐다'이지만, 조금 분석적으로 직역하면 '그녀는 다음날에 **있기를**(***être*** au lendemain) 바랐다'가 된다. 이러한 분석 과정을 거쳐야 서양어의 통사 구조와 표현 양식을 깊이 있게 내재화할 수 있다. 참고로, 동작주와 관련하여 동사 demander는 서로 변별되는 매우 특징적인 두 가지 기능을 보여 준다.

- Elle leur demande ***de*** faire la vaisselle.(= Elle leur demande à ce qu'ils fassent la vaisselle.) 그녀는 그들에게 설거지를 해 달라고 청한다.
- Elle leur demande ***à*** faire la vaisselle. 그녀는 그들에게 자기가 설거지하겠다고 청한다.

57 c'était toujours plus attristée qu'elle désirait être au lendemain

58 Revint le printemps.

59 Dès les premières chaleurs, au moment où les poiriers fleurirent, elle eut des suffocations.

60 Au début du mois de juillet, elle commença à compter sur ses doigts

combien de semaines lui restaient pour arriver au mois d'octobre[61], pensant[62] que le marquis d'Andervilliers, peut-être, donnerait[63] encore un bal à la Vaubyessard. Mais tout septembre s'écoula sans lettres ni visites[64].

Après l'ennui de cette déception[65], son cœur de nouveau resta vide, et alors la série des mêmes journées recommença[66].

Elles allaient donc maintenant[67] se suivre ainsi à la file[68], toujours pareilles, innombrables[69], et n'apportant rien ! Les autres existences, si plates qu'elles fussent[70], avaient du moins la chance d'un événement[71]. Une aventure[72] amenait parfois[73] des péripéties à l'infini[74], et le décor[75] changeait[76]. Mais, pour elle, rien n'arrivait, Dieu l'avait voulu[77] ! L'avenir était un corridor tout noir, et qui avait au fond sa porte bien

61 le nombre de semaines qui lui restaient avant le mois d'octobre

62 supposant

63 이 경우처럼, 별도의 동사가 있을 것 같은데도 의외로 기본 어휘가 그 의미를 실어 나르고 있는 동사가 많이 있다. 이 경우 외에도 이를테면, '누구나 자기 생각을 말할 수는 있는 거지, 뭐.'라는 문장은 다음과 같이 쓸 수 있다 : C'est bien normal qu'on puisse ***donner son avis***, non ? 동사 avoir도 마찬가지다 : Je viens pour ***avoir*** votre précieux avis / votre précieuse ***opinion***. (고견을 듣고자 이렇게 왔습니다.) 우리말 동사 표현과 차이를 보이는 이러한 측면은 4행 위의 'Elle eut des étouffements...'의 avoir의 경우에서도 마찬가지로 생각해 볼 수 있다.

64 sans qu'elle ne reçut ni lettres d'invitation ni visites

65 Ce fut une ennuyante déception

66 Alors les mêmes journées recommencèrent en série

67 désormais. maintenant은 일반적으로 '이제, 지금'이라는 의미를 지닌다. 하지만 일상적으로 '지금'이라고 말할 때 프랑스어에서는 maintenant보다는 en ce moment 혹은 actuellement이 더 자주 쓰인다.

68 d'affilée

69 toujours identiques, illimitées

70 〈si ... que + 절(접속법동사)〉 : 아무리 …하지만

71 la chance de se voir apporter un événement

72 처음에는 événement, 다음엔 hasard, 이제는 aventure(멋진 일)로 표현된다.

73 pouvait contenir

74 d'innombrables péripéties

75 장식, 무대장치, 생활의 주변 환경, 온 세상

76 des changements se produisaient dans le décor. 멋진 일 한번만 일어나면 세상이 달라져 보일 텐데.

77 신이 그걸 원했어. 정해 놓았어. 다 팔자지 어쩌겠어.

fermée[78].

Elle abandonna la musique. Pourquoi jouer[79] ? Qui l'entendrait[80] ? Puisqu'elle ne pourrait[81] jamais, en robe de velours à manches courtes, sur un piano d'Érard, dans un concert, battant de ses doigts légers les touches d'ivoire, sentir[82], comme une brise[83], circuler autour d'elle un murmure d'extase, ce n'était pas la peine de s'ennuyer à étudier[84]. Elle laissa[85] dans l'armoire ses cartons à dessin[86] et la tapisserie. À quoi bon[87] ? À quoi bon ? La couture l'irritait[88].

---

78 L'avenir ressemblait à un sombre corridor dont la porte du fond restait bien close.
avait sa porte bien fermée와 avait une porte bien fermée에는 약간의 차이가 있다. 후자는 '꽉 닫힌 문이 하나 있다'라는 뜻이다. 반면에 전자는 동사와 직접보어 sa porte, 과거분사 fermée 사이의 관계가 좀 더 입체적이어서 '그 문을 꽉 닫힌 채로 가지고 있었다', 즉 '그 문이 꽉 닫혀 있었다'라는 의미가 된다. 다음을 비교해 보자. 똑같아 보이는 〈동사 + 명사구 + 형용사〉이지만 미세한 차이를 드러낸다.

- Elle avait un sac rouge. 그녀는 빨간 가방을 하나 가지고 있었다.
- Elle avait les yeux rouges. 그녀는 눈을 빨간 상태로 가지고 있었다. / 그녀는 눈이 충혈되어 있었다.

79 Pour quelle raison jouer ?

80 Qui viendrait l'écouter ? 동사 entendre를 조건법으로 쓴 것은 '연주한들'이라는 전제가 함축되어 있기 때문이다.

81 조동사 pourrait는 2행 아래의 sentir와 연결된다. 그리고 pouvoir를 조건법으로 쓴 것은 entendrait의 경우와는 달리 여기서는 '과거에서의 미래'를 의미한다. 그러면 그 '과거'는 어디에 제시되어 있는가?

82 sentir는 écouter, entendre, regarder, voir 등과 함께 뒤에 inf.를 직접보어로 가져올 수 있다. 이러한 특성을 갖는 동사를 '지각동사'라고 부른다. 프랑스어에서 지각동사는 뒤에 나올 inf.의 동작주를 명시하지 않아도 성립한다. J'ai entendu dire que tu étais malade. 여기에서 dire의 동작주를 명시할 필요를 못 느껴서 생략했다. **영어의 지각동사에서는 불가능한 구성이다: *I heard say that you were sick (* 비문(非文) 표시). heard와 say 사이에 somebody 같은 명사가 있어야만 say라는 부정법을 쓸 수 있다. 그게 귀찮으니 다음과 같이 말한다** : *I heard that you were sick.* 이처럼 프랑스어에서는 지각동사 구문 구성 조건이 더 용이하고 간편하기 때문에 그 발화 빈도가 영어의 경우보다 높다. 또 주목할 수 있는 것은 동작주를 명시하고 싶을 때 inf.가 먼저 오고 동작주를 나타내는 명사(구), 즉 동작주 보어가 뒤에 나와도 된다는 사실이다. 여기의 sentir가 바로 이 경우이다 : sentir... circuler... un murmure.

83 pareil à une brise

84 '권태롭게(지겹게) 연습하다'가 아니라 '연습하느라 고생하다, 수고스럽게 연습하다'라는 의미이다.

85 abandonna

86 스케치북

87 bon의 다른 의미들을 찾아보면 의외의 의미를 발견할 수 있다. 본문의 경우는 〈à qch.〉라는 보어를 뒤에 거느릴 수 있는 bon의 경우에 해당한다. 유사한 의미를 문장 형식으로 다음과 같이 일상어에서 많이 쓴다 : À quoi ça sert ? / Ça sert à quoi ?

88 La couture l'indisposait.

– J'ai tout[89] lu, se disait[90]-elle.

89 문자 그대로는 '모든 것'도 가능하나 '(전부) 다'가 낫다. 일개 부르주아 여인이 세상의 모든 책을 다 읽었다고 말할 일은 별로 없을 것이다. 처음 보는 뭇 남성들 앞에서 자신의 지적, 감성적 우아함을 뽐낼 기회(무도회)란 더 이상 없을 것이라는 실망감, 절망감에 젖은 엠마의 경우라면 '읽을 건 다 읽었는데, 뭘' 정도로 옮길 수도 있겠다. 부정(不定)대명사 tout, rien은 그것들을 직접보어로 취하는 동사의 형태가 inf.이거나 p.p (participe passé)일 때, 그 inf. 및 p.p 앞에 놓인다.

- Je peux ***tout faire*** pour te faire plaisir. 난 네가 기뻐하는 일이라면 뭐든지 할 수 있어.
- Je n'ai ***rien fait*** de mal. 난 아무 나쁜 짓도 안 했어.

90 우선, se dire ...(스스로에게 말하다, 혼잣말하다, 되뇌다, 생각하다)의 용례를 살펴보자.

- Elle s'est dit que ce n'était pas possible. 그녀는 그럴 리가 없다고 생각했다.

다음으로 '누군가가 …라고 말했다'라고 말하는 방식, 즉 화법(話法)에 대해 생각해 보자.

- Elle a dit : "Je n'aime pas la bière." "난 맥주가 싫어."라고 그녀가 말했다. (직접화법)
- Elle a dit qu'elle n'aimait pas la bière. 그녀는 맥주를 싫어한다고 말했다. (간접화법)

그런데 소설 속에서는 다음과 같은 특수한 상황이 자주 벌어진다. 즉 '그녀는 맥주를 싫어한다고 말했다. 그리고 차라리 포도주를 좋아한다는 것이었다. 그렇지만 건강 때문에 술을 마시지 않는다는 것이었다.' 간접화법으로 전달되는 내용이 한 문장에 그치지 않고 계속 이어지는 경우이다. 이를 프랑스어로 써보자 : Elle a dit qu'elle n'aimait pas la bière. Et elle a dit qu'elle préférait le vin, mais qu'elle ne prenait pas d'alcool pour sa santé.

소설가라면 당연히, 반복되는 부분인 밑줄 친 elle a dit qu'와 qu'를 생략하고 싶을 것이다. 그리고 실제로 생략해 버린다. 그러면 결과적으로, Elle a dit qu'elle n'aimait pas la bière. Et elle préférait le vin. Mais elle ne prenait pas d'alcool pour sa santé.만 남는다. 이처럼 '…라고 말했다'라는 말을 빼버린 채 전달하는 화법을 '자유간접화법(discours indirect libre)'이라고 부른다.

그러면 본 텍스트에서, 소설가가 하는 말일 수도 있지만 어쩌면 엠마가 혼자 되뇌는 말로 볼 수도 있는, 엠마가 하는 말이라고 여기면 결과적으로 더 실감나는 부분들이 있을 수 있다. 즉 문장 첫머리에 Elle se disait que를 붙여서 읽으면 더 좋은 부분들이 있는데 텍스트 후반부의 문장들이 대부분 그러하다. 그것들만 모아 보면 다음과 같다.

Elles allaient donc maintenant se suivre ainsi à la file, toujours pareilles, innombrables, et n'apportant rien ! Les autres existences, si plates qu'elles fussent, avaient du moins la chance d'un événement. Une aventure amenait parfois des péripéties à l'infini, et le décor changeait. Mais, pour elle, rien n'arrivait, Dieu l'avait voulu ! L'avenir était un corridor tout noir, et qui avait au fond sa porte bien fermée.

.... Pourquoi jouer ? Qui l'entendrait ? Puisqu'elle ne pourrait jamais, en robe de velours à manches courtes, sur un piano d'Érard, dans un concert, battant de ses doigts légers les touches d'ivoire, sentir, comme une brise, circuler autour d'elle un murmure d'extase, ce n'était pas la peine de s'ennuyer à étudier. ...... À quoi bon ? À quoi bon ? La couture l'irritait.

특히 마지막 문장에서 '바느질은 짜증나(La couture m'irrite)' 하고 내뱉는 엠마의 푸념이 들리는 듯하다. 이처럼 위의 부분들을 전부 현재 시제로, 그리고 1인칭의 문장으로 바꾸어서 다음과 같이 직접화법으로 옮겨 보면 더 생생하게 음미할 수 있다 : Elles vont donc ... Mais, pour moi, rien n'arrive ... Puisque je ne pourrai jamais ... ce n'est pas la peine de m'ennuyer à...

QUELQUES EXERCICES

1. 보기에 주어진 표현을 사용하여 엠마(Emma)의 일생을 완성하시오.

보기) temps / malgré / laisse / pour / destin / bercée / charme / veuf / trouve

Emma Rouault, ________ depuis toujours par ses lectures romantiques, rêve de grandeur, d'émotion, d'amours passionnés. Elle épouse Charles Bovary, un homme honnête, ________ depuis peu, mais se ________ rapidement désillusionnée par un quotidien triste et monotone. Opprimée dans cette vie trop étroite ________ elle, elle la fuit de toutes ses forces et s'éloigne peu à peu d'un mari qui la dégoûte. Elle tombe sous le ________ d'autres hommes et se ________ porter par ces relations adultères. Des relations indéniablement vouées à l'échec, qui ne lui apportent que l'illusion du bonheur et la font tomber chaque fois un peu plus bas. La dépression s'immisce dans la vie d'Emma. En même ________ que ses dettes augmentent, sa vie rêvée s'éloigne. Emma Bovary, l'éternelle insatisfaite, ne saura que s'approcher ________ elle d'une fin spectaculaire et d'un ________ romanesque.

2. 대명동사나 수동 구문을 사용하여 단문들을 완성하시오.

1) **se lever / être levé**

- Demain le soleil ______________ à 6 heures.

- Je suis fatigué(e) : je ________________ depuis 5 heures du matin.

2) **se coucher / être couché**

- Ils (déjà) ________________ quand Mélanie est arrivée.
- Nous ________________ normalement vers 23 heures.

3) **s'abîmer / être abîmé**

- Ces fruits (trop) ________________ abîmés : il faut les jeter.
- Les fraises sont des fruits qui ________________ très vite.

4) **s'occuper / être occupé**

- Allez voir cette personne ! C'est elle qui ________________ des cartes de crédit.
- La directrice ________________ ; elle ne peut pas vous recevoir actuellement.

5) **s'habiller / être habillé**

- Cette actrice ________________ par un grand couturier.
- Il fait très froid ! ________________ chaudement !

6) **se coiffer / être coiffé**

- Qui t'a coupé les cheveux ? Tu (très bien)__________.
- Je me suis cassé le bras et j'ai beaucoup de mal à ____________.

LECTURES COMPLÉMENTAIRES

Les petits mots noirs de Flaubert

« J'appelle bourgeois quiconque pense bassement. »

« On ne se rencontre qu'en se heurtant et chacun portant dans ses mains ses entrailles déchirées accuse l'autre qui ramasse les siennes. »

« L'auteur dans son œuvre doit être comme Dieu dans l'univers, présent partout et visible nulle part. »

« Le comble de l'orgueil, c'est de se mépriser soi-même. »

« Être bête, égoïste et avoir une bonne santé, voilà les trois conditions voulues pour être heureux. Mais si la première vous manque, tout est perdu. »

« Dans l'adolescence, on aime les autres hommes [femmes] parce qu'ils [elles] ressemblent plus ou moins au premier [à la première] ; plus tard, on les aime parce qu'ils [elles] diffèrent entre eux [elles]. »

« Qu'est-ce donc que le mauvais goût ? C'est invariablement le goût de l'époque qui nous a précédés. Tous les enfants ne trouvent-ils pas leur père ridicule ? »

« Œuf : point de départ pour une dissertation philosophique sur la genèse des êtres. »

« Mais il ne faut jamais penser au bonheur ; cela attire le diable, car c'est lui qui a inventé cette idée-là pour faire enrager le genre humain. »

« L'avenir nous tourmente, le passé nous retient, c'est pour ça que le présent nous échappe. »

« La passion de la perfection vous fait détester même ce qui en approche. »

« Rien ne fait mieux passer la vie que la préoccupation incessante d'une idée, qu'un idéal. »

Leçon 10 *Du côté de chez Swann* de Proust

Du côté de chez Swann est le premier volume ou plus exactement les cinq cents premières pages de ce grand ensemble qu'est[1] *À la recherche du temps perdu*. Le premier volume est subdivisé en trois parties intitulées respectivement :

Combray
Un Amour de Swann
Noms de pays : le nom

Longtemps, je me suis couché de bonne heure[2]. Parfois[3], à peine[4]

1 qui est가 아니다. 관계대명사 que가 직접보어 격이 아닌 속사(attribut)로 쓰였다. 다음의 두 표현에서 서로 다른 기능을 구별할 수 있다 : ce que j'avais / ce que j'étais. 우리말로 옮길 때에는 '*À la recherche du temps perdu*라는 ce grand ensemble' 정도로 가능할 것이다. 만약 qu'est 대신에 qui est라고 썼다면, '*À la recherche du temps perdu*인 ce grand ensemble'이라고 말하는 것처럼 조금 어색했을 것이다.

2 Durant longtemps, c'est de bonne heure que je me suis couché.
과거에 대한 회상 형식으로 제시되는 이 텍스트의 문장들이 기본적으로 반과거 시제로 활용된 동사를 축으로 구성된다는 점은 이 첫 문장만 지나면 확인된다(se fermaient / éveillait / voulais / (avais cessé) / semblait / survivait ...). 잃어버렸을지도 모를 그 시간들로 거슬러 올라가 그 시절을 서술하려 할 때, 기본 문체가 '늘상 …했었다 / (툭 하면) …하곤 했다'라는 투의 반과거라는 점은 당연하게 여겨진다. 그렇다면 왜 거의 유일하게 이 첫 문장만은 복합과거로 되어 있는가? 다른 문장들과 함께 반과거로 je me couchais de bonne heure라고 썼더라도 '나는 일찍 잠자리에 들었었다(들곤 했다)'라는 의미로 잘 어울렸을지도 모른다. 그것은 바로 첫 단어 Longtemps(오랫동안)이라는 시간 부사 때문이다. 주지하듯 반과거의 가장 기본적인 시제적 의미는 '그때 혹은 그 순간 …하는 중이었다'이다(물론 본문의 경우는 대부분의 문장에서 반과거가 '(그 당시) …하곤 했었다'라는 의미로 쓰이고 있지만). 가령, Je mangeais quand tu as téléphoné (네가 전화했을 때 밥 먹는 중이었어)라는 예문에서 보듯이, 주어진 특정한 순간의 상태를 기술하는 시제이다. 그러니만큼 과거의 지속 기간을 나타내는 말(예컨대, pendant 등)과 함께 활용하기에는 어울리지 않는 시제이다. '나는 세 시간 동안 춤췄다'와 '나는 세 시간 동안 춤추고 있었다'라는 두 문장 중 후자는 어색하다. '춤추고 있었다, 춤추는 중이었다'라는 표현과 '세 시간 동안'이라

ma bougie éteinte, mes yeux se fermaient si[5] vite que je n'avais pas le temps de me dire[6] : « Je m'endors. » Et, une demi-heure après[7], la pensée qu'il était temps de chercher le sommeil m'éveillait[8] ; je

는 기간을 나타내는 표현이 충돌하기 때문이다. 결론적으로, 기간을 나타내는 시간 부사와 반과거는 어울리지 않는다. 영어의 경우를 떠올려 보아도 이해가 간다 : *I slept for three hours. / I was sleeping for three hours.* 다른 각도에서 분석해 보자면, '세 시간 동안'이라는 인식 자체는 과거 그 순간을 기준으로 말하는 반과거와는 달리 지금 현재를 기준으로 돌아보면서 말할 때(대표적으로, 복합과거 시제)에만 가능한 것이다. 어쨌거나, 3천 페이지에 걸쳐 펼쳐지는 과거로의 긴 회상으로 들어가는 첫 관문이 '잠'이라는 사실이 이채롭다.

3 Il arrivait parfois qu'à peine …

4 à peine은 '겨우, 가까스로'의 뜻을, 나아가서는 '거의 … 아닌'의 뜻을 갖는데, 꽤 다양한 쓰임새를 갖는다. 우선 **영어의** *hardly / scarcely / barely*를 떠올리면 도움이 된다. 또 *no sooner*라는 표현이 담당하는 기능을 하기도 한다. 다음과 같은 예문을 통해 확인해 두면 도움이 된다.

- Elle a à peine commencé à lire. 그녀는 이제 막 글자 읽는 것을 배우기 시작했다.
- C'est à peine si je le connais. 난 그 사람을 겨우 아는 정도이다(내가 그를 안다 한들 겨우 / 막 / 조금 알 뿐이다 / 거의 모른다).
- À peine endormi, elle se mit à ronfler. 잠이 들자마자 그녀는 코를 골기 시작했다.
- Isabelle était à peine sortie (À peine Isabelle était-elle sortie) de chez elle qu'il [quand il] commença à neiger. 눈이 내리기 시작했을 때 이자벨은 집에서 거의 나오지도 않았었다(겨우 막 나왔었다). 즉, 집에서 나오자마자 눈이 내리기 시작했다. 여기서 Isabelle était sortie가 주절이고 qu'il [quand il] commença … 부분은 종속절이다.

이 마지막 예문은 다음과 같이 줄여 말할 수 있다 : À peine Isabelle sortie de chez elle, il commença …. 이렇게 말하면 il commença …가 주절이 되고 원래 주절이었던 부분이 일종의 분사구 형태로 표현된다(À peine Isabelle sortie).

그렇다면 본문의 문장도, '촛불이 꺼지자마자 내 눈은 감겼다'로 끝난다고 가정하면, 다음과 같이 길게 복원해 볼 수 있다 : À peine la bougie avait-elle été éteinte [s'était-elle éteinte] que [quand] mes yeux se fermaient. 그런데, 실제 문장에서는 si vite que je n'avais pas …라는 또 하나의 종속절이 이어지므로, mes yeux se fermaient를 주절로 삼고 앞부분은 분사구(À peine la bougie éteinte)로 처리했다고 볼 수도 있다.

5 tellement

6 se dire … : …라고 스스로에게 말하다 → …라는 생각이 들다. 〈(le) temps de + inf.〉는 '…할 시간'이라는 의미인데 언제나 전치사 de만 오는 것은 아니다. 가령 '어떻게든 보내야 할, 즉 죽일 시간'이라고 말할 때는 전치사로 à가 동원된다 : le temps à tuer. '죽을 때(le temps de mourir)'와 비교된다. 정리하자면, 〈전치사 + inf.〉가 앞의 명사를 수식 제한할 때, 즉 〈명사 + 전치사 + inf.〉에서, inf.가 명사의 내용을 부연 설명하는 관계일 때는 de, 내용상 명사가 inf.의 직접보어(직접목적어)가 될 때에는 à를 쓴다.

- occasion de découvrir Kyongjou 경주를(에) 구경할(가 볼) 기회
- ville à découvrir (visiter) 구경해야 할 도시
- occasion à ne pas manquer (rater) 놓치지 말아야 할 기회

7 plus tard

8 j'étais éveillé par la pensée qu'il était temps de chercher le sommeil. '잠을 청할 때가 되었다는 생각이 (오히려) 나를 깨우곤 했다' 아마도 프루스트(Proust)만이 제공할 수 있는 반전일 것이다. 그의 반전들은 큰 드라마를 갖고 있지는 않다. 그 대신 우리의 일상적 관념과 언어의 틈새를 파고든다.

voulais[9] poser le volume que je croyais[10] avoir dans les mains[11] et souffler ma lumière[12] ; je n'avais pas cessé en dormant de faire des réflexions[13] sur[14] ce que je venais de lire, mais ces réflexions avaient pris un tour un peu particulier[15] ; il me semblait que j'étais moi-même ce dont parlait l'ouvrage[16] : une église, un quatuor, la rivalité de François 1er et de Charles-Quint[17]. Cette croyance[18] survivait pendant quelques secondes à mon réveil[19] ; elle ne choquait pas ma raison, mais pesait comme des écailles sur mes yeux et les empêchait de se rendre compte[20] que le bougeoir n'était plus allumé[21]. Puis elle commençait à me[22] devenir inintelligible[23], comme après la métempsycose[24] les pensées d'une existence antérieure ; le sujet du livre se détachait de moi[25], j'étais libre de m'y appliquer ou non[26] ;

9 이 반과거는 '…하곤 했다'의 의미에 더하여 '…하려고 했었다'(실제로는 하지 않았음)의 의미를 가지고 있다 : Justement je voulais te téléphoner. 안 그래도 전화하려 했었는데.

10 …인 줄로 알고 있던

11 qu'il me semblait tenir dans mes mains

12 la flamme

13 무겁게 '성찰, 숙고'라고 하기보다는 '생각'으로 이해하는 것이 자연스럽다.

14 de réfléchir à

15 mais ces réflexions s'étaient dotées d'un tour quelque peu singulier

16 j'avais l'impression d'incarner moi-même ce dont parlait l'ouvrage

17 세 가지 예를 들면서도 하나는 물건(성당), 하나는 음악 작품(사중주), 마지막 하나는 추상적인 현상(경쟁 관계)을 언급함으로써 층위의 다양성을 확보하였다.

18 '신앙, 믿음'과는 좀 거리가 있다. '(사실과는 다른, 즉 틀린) 생각'. 과감히 '착각'으로 옮기는 것도 가능하다.

19 Mon réveil laissait quelques secondes survivre cette croyance

20 prendre conscience

21 le bougeoir était déjà éteint

22 간접보어(인칭대명사)를 빈번하게 활용한다는 점이 프랑스어가 영어와 다른 점 중의 하나다 : *It is equal to me.* / Cela ***m'***est égal.

23 C'est seulement alors qu'elle commençait à me devenir impénétrable

24 métempsycose (f.) : réincarnation de l'âme après la mort dans un corps humain

25 le sujet du livre se désunissait de ma personne

26 je redevenais libre de m'y placer ou non. 거기에 몰두하든 말든 내 자유였다.

aussitôt je recouvrais la vue et j'étais bien étonné de trouver[27] autour de moi une obscurité, douce et reposante[28] pour mes yeux, mais peut-être plus encore pour mon esprit, à qui elle apparaissait[29] comme une chose sans cause[30], incompréhensible[31], comme une chose vraiment[32] obscure[33]. Je me demandais quelle heure il pouvait[34] être[35] ; j'entendais[36] le sifflement des trains qui, plus ou moins éloigné[37], comme le chant d'un oiseau dans une forêt[38], relevant les distances, me décrivait[39] l'étendue[40] de la campagne déserte où le voyageur se hâte[41] vers la station prochaine ; et le petit chemin qu'il suit va[42] être gravé[43] dans son souvenir par l'excitation[44] qu'il doit à[45] des lieux nouveaux, à des actes inaccoutumés[46], à la

27 m'étonnais bien de trouver
28 apaisante
29 se présentait
30 sans origine
31 impénétrable
32 absolument
33 '깜깜한'보다는 '알 수 없는, 이해 불가능한, 요령부득인'으로 해석할 수 있다. 우리말에서는 다르지만 프랑스어로는 동일하다.
34 조동사 pouvoir를 쓰지 않고 그냥 quelle heure il était라고 말하는 것과는 뉘앙스 차이가 있다 : '몇 시였는지' / '몇 시나 되었는지'.
35 Quelle heure pouvait-il bien être, me demandais-je
36 écouter와 regarder에 비해서 entendre와 voir는 '듣다, 보다'에 앞서 '들리다, 보이다'로 이해하고 옮기는 것이 바람직할 때가 많다.
37 le sifflement des trains se faisait entendre
38 pareil au chant d'un oiseau retentissant dans une forêt
39 me peignait
40 들판의 넓이 혹은 크기, 즉 기차와 내 귀 사이의 거리가 얼마나 될지를 가늠케 해 주는 기적소리. 이처럼 작가(소설가)는, 우리가 미처 언어화해 두지 않은, 우리의 감각과 인식이 수립되고 작동하는 방식과 조건들을 분석하여 드러내 준다.
41 se presse
42 묘사가 길어지면서 어느새 기본 시제가 현재로 바뀌었다.
43 conservé
44 설렘
45 relative à
46 inhabituels

causerie récente[47] et aux adieux sous la lampe étrangère qui[48] le suivent encore dans le silence de la nuit, à la douceur prochaine[49] du retour[50]. J'appuyais tendrement mes joues contre les belles joues de l'oreiller qui, pleines et fraîches, sont comme[51] les joues de notre enfance. Je frottais une allumette pour regarder[52] ma montre. Bientôt minuit[53]. C'est[54] l'instant où[55] le[56] malade, qui a été obligé[57] de partir en voyage et a dû coucher[58] dans un hôtel inconnu[59], réveillé par une crise[60], se réjouit[61] en apercevant[62] sous la porte une raie de jour. Quel bonheur[63] ! c'est déjà le matin ! Dans un moment[64] les domestiques seront levés[65], il pourra sonner[66], on viendra lui

---

47 aux échanges de paroles récents : 조금 전에 (누군가와) 나눴던 대화

48 les adieux를 선행사로 보는 것이 좋을 듯하다(굳이 주장한다면, des lieux, des actes, la causerie까지 모두 선행사로 보는 것이 불가능하지는 않다).

49 imminente

50 조금만 있으면 (불편하고 고생스러운 여행을 마치고 드디어) 집에 돌아가서 누리게 될 안온함

51 rappellent

52 afin de consulter

53 Il était bientôt minuit.

54 또 현재 시제로 전환하는 걸 보니, '자정'이라는 순간에 대한 긴 묘사가 이어질 것 같다.

55 C'est le moment où

56 총칭의 의미를 갖는 정관사(l'article défini au sens générique)로서 앞에 나온 le voyageur에서의 정관사 le와 함께 생각해 볼 만한 정관사의 용법이다. 가령, J'ai vu le chien hier pour la première fois. / Le chien est un animal fidèle.에서 le는 그 의미기능이 서로 다르다. 전자의 개는 '그 개'라는 의미이고, 후자의 경우는 '총칭적' 의미의 개이다.

57 contraint

58 a été forcé de se coucher

59 (몸이 아프지만 피치 못할 사정이 있어서) 길을 떠나지 않을 수 없었고 할 수 없이 낯선 여관에 묵어야만 했던 환자

60 병세의 발작. 천식이나 급격한 위경련 등을 떠올려 보자.

61 s'égaie : 반색(을)하다, 매우 반가워하며 기뻐하다

62 entrevoyant

63 통증과 공포에 사로잡혀 있던 환자가 하는 말 : Quel contentement ! 후유 살았다!

64 Bientôt

65 se lèveront

66 객실의 손님이 룸서비스를 부르는 초인종을 떠올리자. 초인종은 전기의 보급이 확산되기 전, 손잡이가 달린 줄이 문 밖으로 연결된 형태일 것이다.

porter secours[67]. L'espérance d'être soulagé lui donne du courage pour souffrir[68]. Justement il a cru entendre des pas[69] ; les pas se rapprochent, puis s'éloignent. Et la raie de jour qui était sous sa porte[70] a disparu. C'est minuit ; on vient d'éteindre le gaz ; le dernier domestique est parti[71] et il faudra rester toute la nuit à souffrir[72] sans remède[73].

Je me rendormais[74], et parfois[75] je n'avais plus que de courts réveils d'un instant[76], le temps[77] d'entendre les craquements organiques[78] des boiseries, d'ouvrir les yeux pour fixer le kaléidoscope[79] de

67 'ils lui viendront en aide. (와서 그를 도와줄 것이다.)'는 앞선 두 감탄문과 함께, 소설의 서술자(narrateur)가 하는 말이 아니라 등장인물인 환자 투숙객이 하는 말(생각)이다. 즉, ***Il se dit que*** dans un moment ...으로 이해할 수 있다. 앞서 *Emma*를 읽을 때 언급된 이른바, '자유간접화법(le discours indirect libre)'이 적용되었다.

68 L'espoir d'être secouru lui donne du courage pour souffrir.

69 Justement il a eu l'impression d'entendre des pas. 마침/그렇지 않아도/아닌 게 아니라 발자국 소리가 들린 듯도 했다.

70 qui illuminait le dessous de sa porte

71 s'en est allé

72 il faudra souffrir toute la nuit

73 약이 (떨어져서 혹은 가져 오지 않아서) 없다는 의미가 아니다. '속절없이, 꼼짝없이, 하릴없이, 약도 없이' 밤새 끙끙 댄다는 의미이다. 4행 위에도 souffrir가 나오는데, 두 경우를 각각 우리말로 옮겼을 때 표현이 사뭇 다르다.

74 endormir → rendormir. 모두에 나오는 je m'endors와 함께 생각해 볼 만한 사실은, 프랑스어의 상당수의 동사들은 기본적으로 직접보어(목적어)를 요구하는 타동사들이며 자동사의 형태를 따로 갖고 있어서 타동사가 자동사로 쓰이는 용법이 많지 않다는 점이다. 즉 '잠들다'라는 동사는 없으며 '잠들게 하다, 잠재우다(endormir)'라는 동사만 있다. '잠들다'라는 의미로 말하기 위해서는 '(주어가) 자기 자신을 잠재우다'라고 말할 수밖에 없다. 그 결과 〈(재귀)대명사 + 동사〉를 빈번히 사용할 수밖에 없다.

75 de temps à autre

76 plus que des instants de courts réveils

77 방금 나온 de courts réveils d'un instant의 내용을 부연 설명하는 명사인데, 이하에 〈de + inf.〉 형태의 보어 세 개를 갖고 있다. 즉, '…이 들리는, 눈을 떠서 …하는, …을 맛보는 시간'을 의미한다.

78 le temps d'entendre les boiseries craquer. 여기에서 organique는 '규칙적인', 즉 '일정한 간격을 두고 반복하여 들리는'이라는 의미이다. 건축의 많은 부분에 목재가 사용된 옛 주택에서는 주로 목재를 덧댄 부분에서 기온의 변화 등으로 미세한 뒤틀림이 일어나서 '딱, 딱' 하는 작은 소리가 나는 경우가 있다. 어쨌든 삶의 이런 미세한 구석의 풍경마저도 놓치지 않으려는 작가의 집요함이 이렇게 세밀하고 촘촘한 언어로 된 작품을 만들어 낸 것이다.

79 '만화경(萬華鏡)'이라는 장치에 대한 프랑스어로 된 설명들 중 하나를 읽어 보자 : Le kaléidoscope est un tube de miroirs réfléchissant à l'infini et en couleurs la lumière extérieure. Certains modèles

l'obscurité, de goûter grâce à une lueur momentanée de conscience[80] le sommeil où[81] étaient plongés les meubles, la chambre, le tout dont je n'étais qu'une petite partie et à l'insensibilité duquel[82] je retournais vite m'unir. Ou bien[83] en dormant[84] j'avais rejoint[85] sans effort[86] un âge à jamais révolu de ma vie primitive, retrouvé telle de[87] mes terreurs enfantines comme celle[88] que[89] mon grand-oncle me tirât[90] par mes boucles[91] et qu'avait dissipée le jour — date pour moi d'une ère nouvelle — où on les avait coupées. J'avais oublié cet événement pendant mon sommeil[92], j'en retrouvais le souvenir[93] aussitôt que

contiennent des fragments mobiles de verres colorés, produisant d'infinies combinaisons de jolies images. L'observateur regarde d'un côté du tube, la lumière entre de l'autre et se réfléchit sur les miroirs. 이 설명에서 보듯, 만화경이 실제적 의미를 갖기 위한 핵심 조건 중의 하나가 바로 빛이다. 그런데 작가는 '어둠'의 만화경(kaléidoscope de l'obscurité)이라는 역설을 만들고 있다. 때로 언어는 현실 세계보다 더 풍성한 듯하다.

80 잠자다 잠깐 깨어난 그 짧은 순간의 의식(정신이 듦)의 빛

81 dans lequel

82 선행사 le tout가 거느리는 두 번째 형용사절을 이끄는 관계대명사이다. 풀어보면, je retournais vite m'unir à l'insensibilité du tout라는 문장에서 le tout를 다른 부분들이 수식하도록 문장이 구조화되었다. 즉, '나는 이내 그 전체(혹은 전부, 모든 것, 우주, 삼라만상)의 감각 없음에 (돌아가서) 합쳐져 하나가 되었다' → '내가 그 감각 없음(잠들어 있음)에 이내 뒤섞여 들어 그것과 하나가 되어 버리는 그 전부'로 해석할 수 있다.

83 D'autre fois, ou를 조금 강조하여 '(그게) 아니면' 정도로 말할 때 ou bien을 쓴다.

84 dans mon sommeil

85 regagné. 시제가 반과거가 아니라 대과거이기 때문에, 앞 문장에서 언급한 바 있는, 잠깐 깨기 전 잠자던 중의 (꿈 속의) 얘기이나.

86 sans difficulté

87 tel(le) de + 복수명사 : …들 중의 어떤 것

88 la terreur

89 celle(=la terreur)의 내용을 부연 설명하는 동격절을 이끄는 que이다. 프랑스어에서는 이러한 동격절이 매우 드물게 성립된다는 점을 주의해야 한다. 가령, '허락을 받기 전에는 말을 할 수 없다는 규칙'이라는 뜻으로 la règle ***qu'***on ne peut pas parler sans permission이라고 말하기 쉬운데, 이는 일종의 잘못된 영어투 문장이다. la règle ***selon laquelle*** on ne peut pas …라고 말해야 한다.

90 tirer의 접속법 반과거이다. 접속법이 쓰인 것은 que 이하의 종속절의 내용이 화자 혹은 주어의 주관성에 근거한 혹은 주관적 감정(여기서는 공포심)에 관련된 것이기 때문이다.

91 par mes cheveux bouclés

92 Si cet événement n'avait pas résisté à mon sommeil

93 il refaisait aussitôt surface

j'avais réussi à m'éveiller pour échapper aux mains de mon grand-oncle[94], mais par mesure de précaution j'entourais complètement ma tête de mon oreiller[95] avant de[96] retourner dans le monde des rêves.

94 이 부분의 내용을 의미 논리상으로 접근하면, 관점에 따라서는 조금 모순된다고 느낄 수도 있다. 종조부(할아버지의 형이나 남동생)가 내 머리끄덩이를 잡아당겼던 무서운 기억이 틀림없이 잠자던 중 꿈에서 떠올랐다 → 잠자는 중에는 모르고 있던 그 기억이, 종조부의 손길을 피하려고 몸부림치다 깨는 순간 되살아났다. 작가는 여기서 꿈속의 나, 그리고 꿈을 깬 나를 분리해서 기술하고 있는 것으로 이해할 수 있다. 언어를 갖고 유희하는 한 방식일진대, 결코 경박하지 않다. 프루스트 언어의 이러한 유희는 오히려 우리 존재와 삶의 애틋하고도 순수한 시원(始原) 혹은 원초적 본질에 가 닿는 듯한 느낌이다.

95 je plaçais mon oreiller de façon à ce qu'il entoure toute ma tête

96 〈avant de + inf.〉를 반드시 '…하기 전에'라고 부사구처럼 옮길 필요는 없다.

- Tu vas te laver les mains avant de te mettre à table. 밥 먹기 전에 손 씻어라. / 손 씻고 와서 밥 먹어라.
- Elle est passée chez plusieurs bouquinistes avant de trouver ce livre. 그녀는 이 책을 찾아내기 전에 헌책방 여러 군데를 들렀다. / 그녀는 헌책방을 여러 군데 돌아다닌 끝에 이 책을 찾았다.

QUELQUES EXERCICES

1. 다음 지문을 읽고 물음에 답하시오.

"Le cri", le célèbre tableau _______ peintre norvégien Edvard Munch, vient _______ volé dans un musée d'Oslo du nom du maître de l'expressionnisme. Les voleurs n'ont _______ que 30 secondes pour réaliser leur coup. Nous sommes en ligne avec notre correspondant dans la capitale norvégienne pour _______ savoir un peu plus sur ce spectaculaire hold-up réalisé en plein jour. Bonjour Christian !

Bonjour, les visiteurs du musée n'en sont _______ pas revenus de leur surprise. Il était 11 heures ce matin quand tout à coup, deux hommes en cagoule, armes au poing, sont entrés dans le musée et ont dérobé en moins _______ 30 secondes, vous le disiez, non seulement la pièce la plus importante de la collection de ce musée, je _______ référence bien entendu au célèbre "cri" de Munch, mais aussi deux autres de ses tableaux, "la Madonna" et une troisième peinture moins connue.

______ les informations dont nous disposons, les trois malfaiteurs, deux qui sont entrés dans le musée et un complice les attendant à l'extérieur dans un camion noir, ont pris la fuite sans que la police ______ pu les arrêter à l'heure où je vous ______. Heureusement, ce vol s'est produit sans qu'il y ait de victimes à déplorer _______ si les gardiens ont été neutralisés par les malfaiteurs.

Les autorités norvégiennes n'ont pas encore fait de déclaration mais le ministre de la Culture a déjà fait part de sa "tristesse". On peut s'attendre maintenant à ce que les critiques pleuvent car les tableaux, considérés pourtant comme des trésors nationaux, n'étaient pas assurés ! Personne n'a voulu évaluer le coût du vol mais on sait déjà que "Le cri" est estimé à 62 millions d'euros. À l'heure actuelle, selon les dernières informations en notre possession, la police ______ trouvé que le cadre des tableaux. _____ aux voleurs, ils courent ______.

Christian Lapetite, Oslo.

1) Complétez l'actualité ci-dessus en vous aidant des mots proposés :

toujours / parle / même / mis / de / Quant / n'aurait / d'ailleurs / D'après / ait / fais / du / d'être / en

2) Quel est le nom du musée ?

(a) Le musée d'Oslo

(b) Le musée Edvard Munch

(c) Le musée du Maître de l'expressionnisme

(d) Ce n'est pas indiqué.

2. 파스칼(Blaise Pascal)의 유명한 글을 읽고, 인간이 정확히 알지만 우주는 모르는 것이 무엇인지 찾아내시오.

L'homme n'est qu'un roseau, le plus faible de la nature ; mais c'est un roseau pensant. Il ne faut pas que l'univers entier s'arme pour l'écraser : une vapeur, une goutte d'eau, suffit pour le tuer. Mais, quand l'univers l'écraserait, l'homme serait encore plus noble que ce qui le tue, parce qu'il sait qu'il meurt, et l'avantage que l'univers a sur lui, l'univers n'en sait rien.

3. 주어진 단어들을 활용하여 프랑스어로 옮기시오.

1) 미자가 그러는데, 내가 너한테 너무 참아준대.
(Mija a / je / patient(e) / toi)

2) 아 참, 잊어버릴 뻔했네. 어제 할머니 다녀가셨다.
(aller oublier / mamie / passée)

3) 기(Guy)가 위험해! 어떡하지? // 기는 위험해. 안 부르는 게 좋겠어.
(en / on // personne / faire mieux / inviter)

4) 용수가 너한테 축하 전화를 했어? 걔가? 웬일이야? 걔답지 않게.
(pour / féliciter / Qu'est-ce / prend / ressemble pas.)

5) 그녀는 선생이 되고 나서야 자기가 남 가르치는 걸 좋아하지 않는다는 사실을 알았다. (après / devenue prof / qu'elle / rendu (또는 aperçu) / qu'elle / enseigner aux)

4. 주어진 우리말의 뜻이 되도록 빈칸을 채우시오.

우리는 우리가 내어줄 수 있는 것만을 진정으로 소유한다. 그렇지 않은 경우 우리는 소유하는 것이 아니라 소유 당하고 있는 것이다. (참된 소유는 남에게 내어줄 때 완성된다는 의미)

__________ ne p__________ vraiment q__________ __________ que l'on est c__________ de d__________. Aut__________ on n'est pas le __________r, on est le __________é.

— L'Abbé Pierre

LECTURES COMPLÉMENTAIRES

(La suite du texte)

Quelquefois, comme Ève naquit d'une côte d'Adam[1], une femme naissait pendant mon sommeil d'une fausse position de ma cuisse. Formée du plaisir que j'étais sur le point de goûter[2], je m'imaginais que c'était elle qui me l'offrait. Mon corps qui sentait dans le sien ma propre chaleur voulait s'y rejoindre, je m'éveillais. Le reste des humains m'apparaissait comme bien lointain auprès de cette femme que j'avais quittée, il y avait quelques moments à peine[3] ; ma joue était chaude encore de son baiser[4], mon corps courbaturé[5] par le poids de sa taille. Si, comme il arrivait quelquefois[6], elle avait les traits d'une femme que j'avais connue dans la vie[7], j'allais me donner tout entier à ce but[8] : la retrouver, comme ceux qui partent en voyage pour voir de leurs yeux[9] une cité désirée et s'imaginent qu'on peut goûter dans une réalité le charme du songe. Peu à peu son souvenir s'évanouissait[10], j'avais oublié la fille de mon rêve.

1 telle Ève qui naquit d'une côte d'Adam
2 Créée par le plaisir que je m'apprêtais à goûter bientôt
3 Le reste des humains m'était bien éloigné lorsque j'étais auprès de cette femme que je venais à peine de quitter
4 ma joue avait conservé la chaleur de son baiser
5 engourdi
6 comme c'était parfois le cas
7 Si elle ressemblait à une femme que j'avais connue dans la réalité
8 j'allais me dédier entièrement au but suivant
9 d'eux-mêmes
10 Petit à petit son souvenir s'estompait

찾아보기